EL

MAHABHARATA

EL
MAHABHARATA

Versión abreviada de
R.K. NARAYAN

Traducción del inglés de Ángel Gurría Quintana

editorial Kairós

Numancia, 117-121
08029 Barcelona
www.editorialkairos.com

Título original: THE MAHABHARATA

© 1978 by R.K. Narayan

© de la edición en castellano:
    2001 by Editorial Kairós, S.A.
    www.editorialkairos.com

Primera edición: Febrero 2003
Séptima edición: Noviembre 2019

ISBN-10: 84-7245-539-4
ISBN-13: 978-84-7245-539-9
Depósito legal: B-53.761/2008

Fotocomposición: Beluga y Mleka, s.c.p. 08008 Barcelona
Impresión y encuadernación: Ulzama digital

INTRODUCCIÓN

La composición original en sánscrito se extiende a cien mil estrofas en verso, convirtiéndola en la composición más larga del mundo: en mero tamaño ocho veces más larga que *La Ilíada* y *La Odisea* juntas. Durante años se ha llevado a cabo mucha investigación académica, basada en evidencia interna, referencias cruzadas y datos astronómicos que aparecen incidentalmente en los textos, con el fin de llegar a alguna conclusión sobre la autoría y la fecha de esta epopeya. No puede haber un pronunciamiento final sobre el tema. Sin embargo, unos cuantos puntos sobresalientes han surgido de la pesquisa.

El núcleo de la historia ya era conocido en otra forma, quizá como balada, en el año -1500. La tensión entre dos ramas de una familia reinante de la casta guerrera, los altibajos de sus fortunas y la tremenda batalla que sucedió para resolver la cuestión de la superioridad eran hechos familiares mucho antes de la era cristiana. Las localidades geográficas, tales como Hastinapura y Kurukshetra, aún existen en la región más boreal de la India. En ciertas estaciones del año todavía se celebran allí festivales conmemorativos asociados a los personajes del relato. «Los Pandavas estuvieron exiliados aquí…» o «…vivieron en estos bosques» y demás.

Esta historia de heroísmo, persecución e intriga debe haberse transmitido por medio de baladas o formas similares de entretenimiento popular. De ahí surgió la primera versión de la epopeya, que consta de veinticuatro mil estrofas, cuya autoría se atribuía a Vyasa. Ahora, una vez más, crecen la especulación y la duda en torno a la reputación de "Vyasa". Mientras que el noventa y nueve por ciento de nuestro público aceptaría el nombre y lo veneraría sin reparo como a un sabio inmortal e inspirado, los académicos propensos a la investigación tienen sus dudas y especulaciones. Explican que "Vyasa" podría ser un título genérico, y que en distintas etapas de la gestación de la epopeya pudieron haber existido varios otros que asumieron el nombre para fines de la composición. En lo que a mí se refiere, prefiero aceptar los relatos tradicionales. Las conclusiones de investigaciones frías y objetivas me parecen, por citar una línea del poema épico, como «atrapar el arco iris con los dedos».

La epopeya de Vyasa se titulaba originalmente *Jaya*, que quiere decir triunfo o victoria. Cuando le fue revelada en una visión por la gracia de Brahma, el Creador, Vyasa requirió de alguien que la transcribiera mientras él la recitaba. Ganesha, el dios con cabeza de elefante, aceptó la tarea con una condición: que no hubiera pausa alguna en el dictado. El autor aceptó la condición, siempre que Ganesha apreciara y entendiera el significado de cada palabra antes de escribirla.

Vyasa dictaba a una velocidad vertiginosa y Ganesha apuntaba con energía proporcional. Cuando, en cierto momento, falló su estilete, Ganesha se arrancó uno de los colmillos y continuó escribiendo. El compositor, cuando hallaba que su amanuense se le adelantaba, controlaba la velocidad componiendo, aquí y allá, fragmentos –tersos, compactos y concentrados– que le obligaban a detenerse para meditar sobre su significado. Existen por lo tanto varios pasajes en *El Mahabharata* que transmiten distintos niveles de significado dependiendo del énfasis y la silabación que se les dé al recitarlos en voz alta.

La *Jaya* se convirtió en *Bharata* en la siguiente etapa, cuando Vysampayana, quien había escuchado la narración original de boca del propio Vyasa, la transmitió a un público reunido en la corte de Janamejaya. La obra adquirió en ese momento un volumen considerable, creciendo hasta unas cincuenta mil estrofas. Mucho después fue narrada en otra reunión de sabios en un bosque, esta vez por un tal Sauti, quien la había escuchado en la corte de Janamejaya.

Sauti es un gran viajero y llega al *ashram* de un sabio llamado Saunaka, en la espesura del bosque, donde está reunido un grupo de sabios que, después de haber practicado prolongadamente ciertos rituales y sacrificios para el bienestar de la humanidad, se hallan en reposo. Mientras éstos descansan, aparece Sauti, un caminante. Como lo prescribe el código de la hospitalidad, los sabios le ofrecen refugio y reposo, y lo sientan cómodamente. Finalizadas las formalidades, y seguros de que el huésped ha superado la fatiga del viaje, le preguntan:

—¡O huésped!, ¿de dónde vienes? ¿Qué extrañas y raras experiencias has tenido, y qué lugares y personas has conocido?

Sauti responde:

—He visitado la tierra sagrada de Kurukshetra, donde se libró la batalla de dieciocho días entre los Pandavas y sus primos, los Kauravas, y donde el suelo quedó empapado de sangre. La visité después de haber escuchado el relato narrado por Vysampayana en el gran Sacrificio de Serpientes[1] llevado a cabo en la corte de Janamejaya. –Y en esta etapa la narración de Sauti adquirió nuevas dimensiones y cualidades.

Cada narrador agregó algo en etapas no especificadas. Se sumaron episodios, discusiones filosóficas y moralejas, hasta que la epopeya alcanzó su longitud actual de cien mil estrofas. De esta forma, cerca del año 400, se llegó a conocer como *El Mahabharata*, siendo *maha* un prefijo que indica grandeza.

Los estudiosos se han esforzado por identificar las alteraciones, adiciones y críticas, y existen ediciones definitivas que indican los cambios con respecto a las versiones originales. Es un campo controvertido, pero la historia principal es aceptada por todos y sin reserva: érase una vez en la antigua Hastinapura una familia real –cinco hermanos de origen divino de un lado, y sus cien primos del otro–, haciéndose la guerra. Este armazón está lleno de detalles y líneas del más alto valor poético en sánscrito. Sobre su valor literario sigue aquí el resumen según las declaraciones del propio autor:

Cuando Vyasa tuvo la epopeya entera en su mente, invocó a Brahma, el creador, y explicó:

–He compuesto un poema vasto. En él se revelan los misterios y sutilezas de los *Vedas* y las *Upanishads*; se des-

---

1. El rey Parikshit, quien se convirtió en gobernante de Hastinapura después de los Pandavas, fue condenado a morir por una mordedura de víbora tras haberle jugado una travesura a un ermitaño que se hallaba en meditación profunda. Al cumplirse esta maldición, Janameya, el hijo de Parikshit, ofició, como venganza, un sacrificio que ocasionó la extinción de todas las serpientes sobre la tierra. En este sacrificio Vysampayana narra la historia del *Mahabharata* tal y como la había escuchado del propio Vyasa.
   Incidentalmente, cabe notar que, con la sucesión de Parikshit a los Pandavas, Vyasa compuso un nuevo relato llamado El *Baghavata*, que casi tiene la grandeza de una epopeya

criben credos y modos de vida; la historia del pasado, el presente y el futuro; reglas para las cuatro castas; la esencia de los *Puranas*, del ascetismo y las reglas para los acólitos; las dimensiones del sol, la luna y las estrellas; una descripción de las cuatro *yugas*; la definición de la caridad, el tema de la encarnación de las almas con fines específicos; las ciencias y los remedios para las enfermedades; también una descripción de los lugares de peregrinaje, de los ríos, montañas y bosques, y de las ciudades y palacios celestiales; el arte de la guerra; la descripción de las distintas naciones, sus lenguajes y sus características, y del espíritu universal que todo lo penetra.

Y en ese momento Brahma dijo:

–Haz venir a Ganesha. Él es uno de los más indicados para apuntar tu poema mientras lo recitas.

El Mahabharata consta de dieciocho *parvas* (o partes), que según la medida de producción actual equivale al mismo número de volúmenes. Tratándose de una obra que depende de su transmisión oral, contiene, naturalmente, mucha repetición, quizá para beneficio de los miembros del público que se hayan perdido alguna parte, pues la narración continúa día tras día. Mediante este método narrativo, un personaje informa a otro que le escucha acerca de una situación que el lector ya conoce. La forma épica es detallada y pausada, con técnicas de narración distintas a aquellas formas a las que estamos acostumbrados. Tiene un aire acompasado que le confiere su grandeza. Para ilustrar una moraleja puede incluir por completo una historia independiente, larga y detallada, una desviación de la trama principal que puede ser de varios cientos de páginas. Así, *El Mahabharata* incluye las conocidas leyendas de Harischandra, Nala y Savitri, Yayati, Draupadi (que se presenta aquí en forma adaptada), Shakuntala y Sibi, todas incluidas en mi libro anterior *Dioses, demonios y otros*. (Gods, Demons, and Others).

Otro factor que agranda al *Mahabharata* son las discusiones filosóficas –disertaciones sobre la vida y la conducta, expuestas por uno u otro de los sabios– que a veces llegan a ocupar varias centenas de versos. *La Baghavad Gita* es un ejemplo de ello. Cuando los ejércitos enemigos se encuentran listos para atacarse, Krishna revela y elabora (en dieciocho capítulos) la filosofía de la *Gita*.

Los grandes mandatos en el texto suelen estar centrados en torno a los deberes de un rey o de un súbdito. Hay, por ejemplo, una *parva* o parte completa llamada *Santhi*, un volumen entero en el que Bhishma, mientras muere, discurre sobre los deberes de un monarca para beneficio de Yudhistira. A ello sigue *Anusasana*, otro libro completo, igualmente voluminoso, que detalla la importancia de los rituales, la reverencia y su correcta ejecución. En cierto sentido podría considerárseles como digresiones, pero en la India ningún lector del *Mahabharata* se los perdería.

Aunque esta epopeya es un tesoro de intereses varios, mi preferencia es por la historia. Es un gran relato con personajes bien definidos que actúan y hablan con robustez y determinación –héroes y villanos, santos y reyes, mujeres bellas, todos mostrando grandes atributos humanos, resistencia sobrehumana, poder y cualidades profundamente siniestras, odios diabólicos e intrigas –todo presentado sobre un fondo impresionante de antiguas capitales reales, bosques y montañas.

Las dimensiones de la epopeya producen vértigo. Si sólo pudiera usarse una palabra para indicar la idea central de cada estrofa, la longitud total de la muestra sería de cien mil palabras. No he omitido ninguno de los episodios relevantes a los destinos de los personajes principales. Me he ceñido a la trama principal y he mantenido mi versión dentro de los límites de lo legible.

Para un lector moderno, se tiene necesariamente que seleccionar y condensar. No he intentado una traducción, pues es imposible transmitir los ritmos y la profundidad del idioma original. El sonido del sánscrito tiene una propiedad hipnótica que se pierde inevitablemente en la traducción. Uno debe darse por contento con una narración en prosa en forma de cuento.

Es de especial interés para mí el papel que desempeña el autor mismo en la historia. Vyasa no sólo compuso el relato, sino que, consciente del pasado y el futuro de todos sus personajes, les ayuda a encontrar soluciones cuando se encuentran en un dilema. Algunas veces se asoma al futuro y subraya lo inevitable de ciertos acontecimientos por venir, haciendo que sus héroes se resignen a su destino.

Así, cuando los Pandavas están felizmente instalados en Indraprastha, Vyasa le insinúa a Yudhistira que él será el destructor absoluto de su clan y su estirpe trece años después. Yudhistira acepta esta noticia con terror y resignación, declarando:

–No podemos cambiar las circunstancias que decreta el destino. Pero no haré nada que provoque a alguien de forma alguna, y practicaré la no-violencia absoluta de pensamiento, palabra y obra. Es la única forma de encarar los designios de la Fortuna.

Este episodio sucede mucho antes de la partida de dados que conduce a la ruina de los Pandavas. Cuando se les invita a un juego, Yudhistira acepta como parte de su plan de no desagradar a otros, y también dada su propia debilidad por las apuestas. Cuando los demás discuten ferozmente con él sobre cualquier asunto, les responde siempre con gentileza y calma.

En una parte anterior de la historia, cuando los Pandavas vagan sin rumbo, Vyasa les ordena que vayan a Ekavrata y de ahí a Panchala, en donde están predestinados a encontrar a la mujer con quien han de casarse. A lo largo del relato, el autor vive con sus personajes, y éste es para mí el mayor encanto de la obra. El nacimiento mismo de Vyasa se explica al principio de la epopeya. Fue concebido en una barca por su madre virgen, quien por Santanu engendró a dos hermanos, quedando la viuda del menor embarazada por gracia de Vyasa, y dando a luz a Dhritarashtra y Pandu, cuyos hijos a su vez se convirtieron en las figuras principales del *Mahabharata*.

R.K.NARAYAN
Mysore, 1977

LISTA DE PERSONAJES Y LUGARES
DONDE SE DESARROLLA LA HISTORIA

Agni: dios del fuego

Amba: princesa, hermana de Ambika y Ambalika, que se transforma en Sikandi, el guerrero.

Ambalika: esposa de Vichitravirya.

Ambika: esposa de Vichitravirya.

Arjuna: tercer hijo de Kunthi.

Aswathama: hijo de Drona.

Aswins: gemelos, dioses menores.

Bakasura: un demonio.

Bharadwaj: un sabio, padre de Drona.

Bhima: segundo hijo de Kunthi.

Bhima: Sena: Bhima.

Bhisma: nombre posterior de Devavratha.

Brihannala: nombre que asume Arjuna en Virata.

Chitrangada: hijo de Santanu y Satyavathi.

Devavratha: hijo de Santanu.

Dhananjaya: otro nombre de Arjuna.

Dharmaraja: Yudhistira.

Dhaumya: sacerdote principal de Yudhistira.

Dhrishtadyumna: hijo de Drupada.

Dhritarashtra: hijo de Ambika y Ambalika por medio de Vyasa.

Dhurvasa: un sabio famoso por su mal temperamento.

Draupadi: esposa de los hermanos Pandava; también conocida como Panchali o Yajnaseni.

Drona: maestro del arte y la ciencia de la guerra para los hijos y sobrinos de Dhritarashtra.

Drupada: rey de Panchala.

Dussasana: segundo hijo de Dhritarashtra.

Duryodhana: hijo mayor de Dhritarashtra.

Dwaitavana: un bosque.

Dwaraka: Ciudad de la que Krishna es señor.

Gandhari: esposa de Dhritarashtra.

Ganga: primera esposa de Santanu.

Ghatotkacha: hijo demonio de Bhima.

Hari: uno de los nombres de Krishna.

Hastinapura: Capital de los Kauravas.

Indra: el principal entre los dioses.

Indraprastha: Capital de los Pandavas.

Janamejaya: hijo del rey Parikshit.

Jayadratha: gobernante de Sindu y yerno de Dhritarashtra.

Kamyaka: un bosque.

Karna: hijo de Kunthi antes de que ésta se casara con Pandu.

Kichaka: general del ejército de Virata y hermano de la reina.

Kripa: otro de los *gurus* de los jóvenes en la corte de Dhritarashtra.

Krishna: octava encarnación de Vishnu.

Kunthi: esposa de Pandu.

Kurukshetra

Madri: esposa de Pandu

Matsya: Reino de Virata.

Nakula: uno de los gemelos nacidos de Madri.

Narada: un sabio que se mueve constantemente entre los mundos.

Panchala: Reino de Drupada.

Panchali: Draupadi o Yajnaseni; esposa de los hermanos Pandava.

Pandava: nombre genérico de los cinco hermanos, hijos de Pandu.

Pandu: hijo de Ambika y Ambalika por medio de Vyasa.

Parasar: un sabio que engendró a Vyasa por medio de Satyavathi antes de que ésta se casara con Santanu.

Parikshit: sucesor de Yudhistira e hijo de Abhimanyu.

Partha: otro nombre de Arjuna.

Parishta: un rey, hijo de Drupada.

Purochana: un arquitecto al servicio de Duryodhana.

Radhe: madre adoptiva de Karna.

Sahadeva: uno de los gemelos nacidos de Madri.

Sakuni: tío de Duryodhana.

Salya: un rey, hijo de Madri, segunda esposa de Pandu.

Sanjaya: comentarista y compañero de Dhritarashtra.

Santanu: rey de Hastinapura.

Satyaki: compañero y conductor de carroza de Krishna y seguidor de los Pandavas.

Satyavathi: hija de un pescador, segunda esposa del rey Santanu.

Sauti: narrador.

Sikandi: Amba.

Surya: el dios del sol.

Susrurman: rey de Trigarta.

Subala: otro nombre de Sakuni.

Uttara: hijo de Virata

Uttarai: hija de Virata; esposa de Abhimanyu, el hijo de Arjuna.

Varuna: dios de la lluvia.

Varanavatta

Vayu: dios del viento y la energía.

Vashishta: un sabio.

Vichitravirya: hijo de Santanu y Satyavathi.

Vidura: hijo de Ambika y Ambalika por medio de Vyasa.

Vikarna: hijo de Dhritarashtra que se cambia al lado de los Pandavas.

Virata: rey de Matsya.

Vishnu: el dios supremo.

Vyasa: hijo de Parasar y autor de *El Mahabharata*.

Vysampayana: narrador.

Yajnaseni: Draupadi.

Yama: dios de la muerte y la justicia.

Yudhistira: hijo mayor de Kunthi.

ÁRBOL GENEALÓGICO

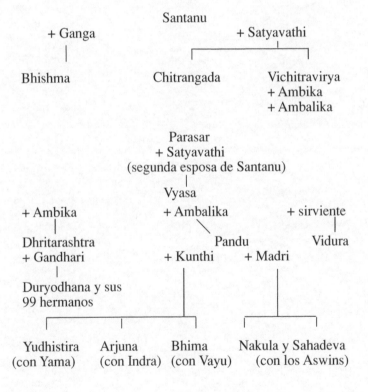

Santanu

+ Ganga   + Satyavathi

Bhishma   Chitrangada   Vichitravirya
                                    + Ambika
                                    + Ambalika

Parasar
+ Satyavathi
(segunda esposa de Santanu)

Vyasa

+ Ambika   + Ambalika   + sirviente

Dhritarashtra   Pandu   Vidura
+ Gandhari   + Kunthi   + Madri

Duryodhana y sus
99 hermanos

Yudhistira   Arjuna   Bhima   Nakula y Sahadeva
(con Yama)   (con Indra)   (con Vayu)   (con los Aswins)

Esta obra abre los ojos del mundo cegado por la ignorancia. Como el sol disipa la oscuridad, así lo hace este *Bharata* con su explicación de la religión, el deber, la acción, la contemplación y demás. Así como la luna llena, con su suave luz, ayuda a los botones de loto a abrirse, este *Purana* por su exposición agranda el intelecto humano. La lámpara de la historia ilumina la "mansión entera del vientre de la naturaleza".

VYASA

1. EL OCTAVO BEBÉ

Santanu era el soberano de un antiguo reino cuya capital estaba en Hastinapura.[1] Un día, mientras estaba de cacería, se topó con una hermosa doncella a la orilla del río y se enamoró de ella. Se presentó y le preguntó:

–¿Serías mi esposa?

Sintiéndose igualmente atraída hacia él, ella contestó:

–Sí, pero escucha con cuidado lo que te digo ahora. Cuando esté casada debo tener libertad absoluta para hacer lo que guste. En ningún momento deberás hacer preguntas sobre lo que haga. Seré tu esposa sólo mientras sigas esta regla.

Santanu aceptó con entusiasmo la condición y se casaron.

A su debido momento, ella engendró un bebé, y en cuanto pudo levantarlo lo ahogó en el río. Santanu estaba horrorizado y sorprendido, pero no podía hacer preguntas. El hijo siguiente también fue rápidamente ahogado, igual que el siguiente y el siguiente a éste. En cuanto nacían, ella se los llevaba hasta el río y volvía al palacio con una sonrisa de satisfacción. Su esposo nunca se refería a su hábito monstruo-

---

1. En contexto geográfico presente, esto es en el estado de Uttar Pradesh, unos cien kilómetros al noreste de Delhi.

so por temor a que ella partiese, ya que en todos los demás sentidos era una esposa espléndida.

Cuando nació el octavo hijo y ella se preparó para deshacerse de él, el rey la siguió. Incapaz de controlarse más, gritó:

–¡Esto es demasiado horroroso! ¡Detente!

Ella respondió con calma:

–Sí, le perdonaré la vida a este niño, pero ha llegado el momento de nuestra separación.

–Dime por qué, antes de partir.

Entonces ella le explicó:

–Ahora me conocerás como Ganga, la deidad de este río. Tomé forma humana sólo para dar a luz a estos ocho bebés, según estaba prescrito. Me casé contigo porque eras el único digno de ser el padre. Los bebés son los ocho *vasus*.[2] En su vida anterior fueron condenados a nacer en la tierra por el pecado de haber robado a Nandini, la rara vaca del sabio Vashista. Al apelar contra la sentencia, a siete de ellos se les permitió abandonar sus cuerpos y volver al cielo poco después de su nacimiento. Sin embargo, el octavo, quien había organizado la expedición para satisfacer los deseos de su mujer, y quien, de hecho, era el que había robado la vaca –éste que ahora llevo en brazos– habrá de seguir su existencia en la tierra como un hombre de grandes logros, pero condenado a una vida de celibato.

Después de sus explicaciones Ganga dijo:

–Ahora me llevaré a este niño conmigo, pero te lo devolveré después.

Las preguntas desesperadas de él: «¿Cuándo?, ¿Dónde?», quedaron sin respuesta mientras ella desaparecía en el río con el niño.

---

2.   Una clase de dioses, ocho en número, acompañantes de Indra.

Años más tarde, de nuevo en el mismo sitio, Ganga se le apareció al rey y le presentó a su hijo, convertido ya en un joven. Dijo:

–Lo he criado con cuidado. Ahora puede ir contigo. Se llama Devavratha. Bajo la tutela del propio sabio Vashista ha llegado a dominar todos los *Vedas*; será un gran guerrero, experto en el uso de *astras*, y provisto de cualidades físicas y mentales extraordinarias. Llévalo a tu hogar. –Y con eso desapareció.

El rey Satanu regresó al palacio muy feliz y nombró al joven su heredero.

Cuatro años después, el rey Satanu, siguiendo a un ciervo mientras cazaba, se topó en el bosque con una hermosa doncella y nuevamente quedó tocado de amor.

–¿Quién eres? ¿Qué haces aquí? –le preguntó.

Ella respondió:

–Soy la hija de un pescador. Ayudo a mi padre a transportar peregrinos de un lado del río al otro.

El rey buscó a su padre y le preguntó:

–¿Nos permitirías casarnos?

El padre asintió rápidamente pero agregó:

–Con la condición de que el hijo que nazca de ella sea tu sucesor. El rey no podía aceptar esto y volvió frustrado al palacio.

En los días que siguieron, el joven príncipe Devavratha, observando el estado melancólico de su padre, le preguntó:

–¿Qué te aflige?

El rey respondió:

–Me preocupa el futuro, o, mejor dicho, el futuro de nuestra dinastía. Eres mi único hijo. Si te acontece cualquier desventura, nuestra dinastía llegará a su fin. Dicen las escrituras que tener un hijo único es como no tener hijo alguno.

Tú estás siempre entretenido en el ejercicio de las armas y serás un gran guerrero, pero ¿cómo puede predecirse el fin de un guerrero?"

El príncipe quedó preocupado por la declaración de su padre y pidió una explicación, en privado, al ministro de éste. El ministro explicó que el rey deseaba casarse con la hija del pescador, pero que se sentía incapaz de aceptar la condición del padre de ella. Devavratha visitó al pescador en su choza y le aseguró que, llegada la hora, la descendencia de su hija sucedería al trono. El pescador, dotado de presciencia, tenía una duda más, y preguntó:

–¿Quién será el sucesor de mi nieto?

–Naturalmente, su hijo –dijo Devavratha–. Quizá temes que si me caso mis hijos serán rivales de la progenie de tu hija. Te prometo que viviré y moriré célibe. Éste es un voto irrevocable.

El pescador quedó complacido. Devavratha –a quien desde entonces se conoció como Bhishma, que quiere decir "aquél de voto irrevocable"– se dirigió a la doncella:

–Por favor entra en la carroza. De ahora en adelante serás mi madre.

Satyavathi, la hija del pescador, dio al rey dos hijos, Chitrangada y Vichitravirya. Chitrangada sucedió a Santanu, pero murió en una batalla contra un rey *gandharva*. Su hermano, Vichitravirya, aún joven, fue nombrado su sucesor, con Bhishma actuando como regente a petición de la propia Satyavathi.

Bhishma, ansioso por evitar la extinción de su familia, esperaba la oportunidad de encontrar una esposa para su pupilo. Cuando el soberano de Kasi anunció el *swayamwara* de sus tres hijas llamadas Amba, Ambika, y Ambalika, Bhishma se presentó en aquella corte, en donde se hallaban reunidos príncipes venidos de cerca y de lejos para captar la atención de las bellezas. En el momento oportuno, Bhishma se levantó y declaró:

–Han dicho los sabios que de todas las formas de escoger a una novia la más noble es aquella en que se toma a la doncella por fuerza en medio de una reunión de valientes como ésta.

Habiéndolo dicho, tomó a las tres jóvenes antes de que cualquiera pudiera entender lo que pasaba y, echándolas en su carroza, se alejó velozmente, perseguido por los príncipes furiosos y por el padre de las jóvenes. Logró deshacerse de sus perseguidores y llegó a Hastinapura con las jóvenes destinadas a ser esposas de su medio-hermano, Vichitravirya.

Cuando se fijó una fecha para la boda, la mayor de las hermanas, llamada Amba, dijo:

–No puedo casarme con tu hermano, ya que mi corazón está dado al rey Salwa y no puedo considerar a nadie más.

Bhishma aceptó su objeción y la envió con Salwa tal y como ella lo deseaba.[3] Ambika y Ambalika se casaron con Vichitravirya y vivieron felices durante siete años, hasta que Vichitravirya contrajo una enfermedad mortal y murió sin progenie.

Entonces Satyavathi suplicó a Bhishma:

–Bajo ciertas circunstancias, uno puede perpetuar su línea genealógica mediante las viudas de un hermano. Los *shastras* lo permiten. Por favor, no dejes que estas jóvenes acaben sus vidas como mujeres infecundas. Nuestra estirpe debe continuar.

---

3. Salwa rechazó a Amba. Cuando volvió a Bhishma y ofreció casarse con él, éste se rehusó debido a su voto y la devolvió a Salwa, quien la volvió a rechazar, con lo que ella estuvo yendo y viniendo de acá para allá. Amba acabó por desesperarse y, culpando a Bhishma por todas sus humillaciones y sufrimientos, tras un último intento por apelar a él juró matarlo. Su transformación en el guerrero Sikandi, responsable de la muerte de Bhishma, se explica en otro lugar.

Bhishma respondió:

–Ordéname cualquier otra cosa que desees y te obedeceré. No puedo romper mi voto de castidad.

Satyavathi sonaba desesperada al decir:

–No habrá quien le ofrezca el pan funeral a nuestros antepasados, ni quien lleve a cabo sus ceremonias anuales en los días de conmemoración. Salva a nuestros antepasados. Con tus buenas obras debes ayudarles a encontrar sus lugares apropiados en el mundo siguiente. Soy tu madre; debes obedecer mis órdenes. Cría hijos con estas dos bellas nueras mías. Sube al trono y reina sobre Hastinapura. Cae sobre ti la responsabilidad de que el clan Kuru[4] no perezca ahora. Tienes un deber hacia nuestros antepasados y hacia las generaciones futuras.

–¡No, no, no! –exclamaba Bhishma–. No puedo violar mis votos, ni siquiera aunque tú lo apruebes. Debes pensar en algún otro medio.

Satyavathi repetía:

–Eres intransigente. Tener hijos será un gran consuelo para las dos mujeres, sumidas ahora en la tristeza.

Bhishma dijo:

–Una vez que se hace un voto, es eterno. No se puede modificar ni renunciar a él. Deben existir otros remedios. Pensémoslo bien.

Después de pensarlo más se le ocurrió otra propuesta a Satyavathi. Se volvió hacia Bhishma:

–Escucha esta historia y dime si te parece bien. Hace años, cuando tenía la costumbre de llevar a gente de un lado al otro del río, uno de mis pasajeros fue un eminente *rishi*,

4. En el texto original, "Kurus" y "Kauravas" parecen ser a veces términos intercambiables, pero "Kauravas" denota específicamente a Duryodhana y sus hermanos, mientras que "Kurus" se refiere tanto a los Kauravas como a los Pandavas.

Parasar. Mientras lo transportaba, me miraba apasionadamente y me decía palabras de amor, lo cual me hizo temblar
de miedo. Tenía miedo de que me maldijera si rechazaba sus
insinuaciones, y miedo de la furia de mi padre si alguna vez
se enterase de alguna falta en mi conducta. Le supliqué al
sabio: "Nací de un pez y me acompaña siempre un olor a
pescado".

»"Estoy al tanto de tu origen –dijo– y de cómo fuiste
concebida en el vientre de un pez. Tu verdadero padre fue
un *gandharva* que, al volar sobre el río, derramó su simien-
te, que entró en el pez cuando miraba hacia arriba. Así fuiste concebida y, al nacer, el pescador te adoptó. El olor a pescado se adhiere a ti debido a tu origen, pero yo lo disiparé".
Por sus poderes mágicos, no sólo se deshizo del olor a pescado que había tenido toda la vida, ¡sino que me otorgó una
fragancia perpetua!

–Sí, mi padre me habló de aquella vez que se sintió atra-
ído por una fragancia que llenaba el bosque y, siguiéndola,
te encontró.

–Como pago por su favor, me entregué a los abrazos del
rishi, que había provocado que la neblina se levantara y nos
envolviera para que nadie pudiera observarnos. El *rishi*
dijo:"Quédate en aquella isla y alumbra a tu hijo; de esa forma no se considerará que has perdido tu virginidad". Así nació Vyasa. Es un sabio y un erudito, y ha prometido venir a
mí cuando le necesite. Puedo invocarlo con mi pensamiento. Es de hecho el mayor de mis hijos. Si lo apruebas, lo con-
juraré.

Bhishma respondió:

–Tú lo sabes mejor que cualquiera.

Ella pensó en Vyasa y él se le apareció de inmediato. Satyavathi explicó su apuro y le rogó que perpetuara su estirpe
mediante sus nueras. Él estuvo de acuerdo, pero pidió que se

le diera un año para volverse presentable, ya que estaba pasando por un período de penitencia y no se encontraba en estado apto para acercársele a mujer alguna. Satyavathi no hizo caso de sus reservas ni le dejó elección en el asunto.

Vyasa ordenó:

–Que las jóvenes estén preparadas; regresaré.

Satyavathi le indicó a la primera de sus nueras, Ambika, que se ataviara y se acicalara y que esperara en su aposento. Cuando Vyasa llegó, la joven sintió repulsión por su apariencia, su ropa, su complexión, su vellosidad y su falta de aseo. Se acostó con él pero con los ojos firmemente cerrados.

A continuación, Vyasa dijo a Satyavathi:

–Ambika dará a luz un bebé hermoso. Gobernará este reino, pero será ciego porque Ambika cerró los ojos durante su concepción.

Entonces Satyavathi lo indujo a aparecerse de nuevo y le ofreció a la segunda de sus nueras, Ambalika. La joven, enjoyada y vestida, esperaba en su lecho, pero cuando Vyasa se le acercó aquélla palideció de miedo.

Más tarde Vyasa le dijo a Satyavathi:

–El hijo que nazca de Ambalika será valiente y distinguido, pero será pálido.

Satyavathi convenció a Ambalika de que se diera otra oportunidad tras haberle rogado a Vyasa que hiciera una tercera visita. Cuando éste llegó, Ambalika vistió a su sirvienta apropiadamente y la colocó en su propio lecho. La sirvienta fue osada y respondió debidamente, lo cual agradó a Vyasa, y por ello el hijo nacido de esta unión fue normal.

Al mayor de los hijos, ciego de nacimiento, se le llamó Dhritarashtra. Al segundo, debido a su palidez, se le llamó Pandu; y al tercer hijo, nacido de una sirvienta, normal en todos los aspectos, se le llamó Vidura, y su sabiduría, juicio, y valor de palabra y acto, lo han hecho una figura sobresaliente en la historia de *El Mahabharata*, de la cual podría decirse que comienza con estos tres personajes.

Dhritarashtra creció bajo el cuidado de Bhishma, quien le encontró una esposa adecuada cuando aquél se hizo hombre: la princesa de Gandhara, llamada Gandhari. Para compartir la ceguera de su esposo se pasó el resto de su vida con los ojos vendados. Dada su incapacidad, Dhritarashtra cedió su autoridad a su hermano menor, Pandu, quien tenía dos esposas llamadas Kunthi y Madri.

La entronización de Pandu fue recibida con aprobación general. Demostró ser valeroso y justo, y aumentó el prestigio y el poder del clan Kuru sometiendo a los reinos vecinos. Después de sus hazañas bélicas, Pandu buscaba descanso en un retiro en medio de un bosque de árboles *Sal* en las faldas meridionales del Himalaya.

Un día, mientras cazaba, Pandu mató a un ciervo que estaba entretenido en juegos amorosos con su pareja. Antes de morir, el ciervo –en realidad un ser celestial– profirió una maldición: «Tu fin llegará en el momento en que intentes unirte con tu esposa». Así se le impuso a Pandu un celibato irrevocable. Se volvió infeliz y planeó renunciar al mundo. Morir sin descendencia, nunca más acercarse a sus esposas, parecía terrible.

En estas circunstancias, Kunthi le habló de la bendición que le había conferido el sabio Dhurvasa cuando ella era joven. Dhurvasa era un hombre irascible, pero Kunthi lograba agradarle con sus servicios cada vez que él visitaba a los padres de ella. La bendijo: «Que seas madre de hijos divinos», y le enseñó un *mantra* con el que podía invocar al dios que eligiera para disfrutar de su compañía. Dhurvasa tenía visión profética y se daba cuenta de que en el futuro necesitaría esta ayuda. Cuando hubo partido, ella sintió curiosidad por el privilegio que le había sido conferido, e invocó a Surya, dios del sol, pronunciando el *mantra*. Surya apareció frente a ella en todo su esplendor y preguntó:

–¿Qué es lo que deseas?

–No, no, nada –titubeó–. Sólo estaba… jugando… –Se postró ante él y le rogó–: Perdóname, por favor vete, perdóname.

–¿Sabes que no debes jugar así? ¿Y que un *mantra* no es cosa que se tome a la ligera?

Ella estaba enmudecida, petrificada por el miedo, y el dios la tomó en sus brazos, la llenó de caricias y la dejó después de entretenerse largo rato con ella. De esta unión nació un niño cuyo futuro estuvo indicado por el hecho de haber nacido cubierto de armadura y llevando enormes aretes. El niño se llamó Karna.

Para evitar un escándalo, Kunthi colocó al bebé en una canasta y la dejó ir río abajo. La recogió una tal Radhe, esposa de un conductor de carros que vivía a la orilla del río. El niño abandonado fue considerado como un envío de los dioses y fue muy querido por la pareja.

Al oír esta historia, Pandu dijo:

–Los dioses te han bendecido para cumplir un propósito divino. La maldición que pesa sobre mí me priva de la paternidad por el resto de mi vida. Pero tú podrías ser una madre singular. No pierdas más tiempo. Prepárate para invitar y recibir a los dioses. Reza primero a Yama, dios de la muerte y la justicia final. Él es el más juicioso de los seres celestiales. El hijo que nazca de él guiará a nuestra raza Kuru por la senda del bien en todo momento.

Kunthi se preparó en su aposento, meditó sobre Yama y pronunció el *mantra* con el que ya había experimentado. Yama respondió a su invocación, y tratándose de su segundo esfuerzo ella supo cómo comportarse en presencia de un dios. Así nació su primogénito. Una voz celestial anunció en el momento de su nacimiento:

–El hijo será el mejor de los hombres, sincero en pensamiento, palabra y obra, y también bendecido con determinación y valor. Se llamará Yudhistira, que significa "el que no retrocede en la batalla".

Pandu persuadió a Kunthi para que rezara por un segundo hijo:

–La vida de un *kshatriya* no puede estar completa sin la posesión de fuerza física. Reza ahora por un hijo dotado de fuerza extraordinaria.

Kunthi invocó a Vayu, el dios del viento, y obtuvo un hijo tan fuerte que cuando rodó del vientre de su madre provocó un pequeño terremoto. Lo llamaron Bhimasena.

Después de esto Pandu pensó otra vez:«Debemos tener en la familia a un guerrero cuyas proezas en la batalla no tengan igual». Después de un año entero de penitencia guardada por él y Kunthi, rezaron a Indra, el mayor de los dioses, cuyos atributos eran grandes. Cuando Kunthi alumbró a un hijo, una voz celestial declaró:

–Este hijo no tendrá rival en energía, sabiduría y conocimiento de las armas, blandirá con facilidad todo tipo de arma y avasallará a sus enemigos, y traerá fama a la estirpe de los Kurus

Este niño se llamó Arjuna.

Después de esto Kunthi se negó a parir más hijos, aunque Pandu estaba deseoso de tener otros. Madri, su segunda esposa, alegaba que no se le podía dejar sin procrear mientras que Kunthi tenía tres hijos. Pandu pidió a Kunthi que enseñara el *mantra* a Madri. Invocando a los dioses Aswins, concibió y alumbró a los gemelos Nakula y Sahadeva. Estos cinco hermanos llegaron a ser conocidos como los Pandavas.

Mientras tanto, Gandhari había tenido cien hijos de Dhritarashtra, el rey ciego, siendo el primogénito Duryodhana, el segundo Dussasana, y así los demás. Se convirtieron en enemigos de por vida de los Pandavas, y puede decirse que *El Mahabharata* es el relato del conflicto entre ambos grupos que no cesó sino hasta su muerte.

El fin de Pandu llegó repentinamente. Un día, estando en el bosque en compañía de Madri, lo sobrecogió el espíritu del momento y el ambiente de primavera, con las hojas tiernas en los árboles y los capullos coloridos, y el canto de los pájaros, y los animales agitándose alrededor. Incapaz de resistir su atracción por Madri, la tomó apasionadamente, a pesar de que ella le recordó la maldición, y murió durante la cópula. Confiando el cuidado de sus gemelos a Kunthi, Madri subió a la pira funeraria de su marido y murió.

2. ENTRAN LOS PERSONAJES

Desde el retiro silvestre en donde Pandu había pasado sus últimos días, Kunthi llegó a Hastinapura con los cinco niños para vivir bajo los cuidados de Dhritarashtra y Bhishma. Dhritarashtra, cuando menos por el momento, trataba igual a los cien hijos alumbrados por su esposa y a los cinco hijos de su hermano. Se les alimentaba, educaba y entrenaba sin distinción.

Los niños jugaban entre ellos todo el día, pero en cada juego Bhimasena se burlaba de sus primos. Poco a poco Duryodhana comenzó a sentirse irritado al descubrir que él era el objeto de aquellas travesuras y bromas. Cuando caminaba o corría, Bhimasena lo hacía tropezar por detrás; cuando escalaba un árbol, Bhima tomaba el tronco entre sus poderosos brazos y lo sacudía hasta que el otro cayera de donde estaba encaramado. Más adelante, Duryodhana comenzó a sentir que la existencia sería imposible mientras sus primos estuvieran allí. Por medio de sus cómplices llevó a cabo unos cuantos intentos por deshacerse de ellos, especialmente de Bhima, a quien narcotizaron, envenenaron, amarraron y lanzaron al río. Pero Bhima pudo sobreponerse al efecto de la droga, neutralizar el veneno y salir flotando desde las profundidades del río.

Cuando Bhishma encargó a un *guru* que entrenara a los jóvenes en el uso de armas, Duryodhana notó con amargura que el maestro ponía especial atención en Arjuna. El *guru,* llamado Drona, era de origen brahmánico y, cosa rara para un brahmán, era experto en guerra y en la ciencia de las armas. Entrenó a sus pupilos con gran entrega y los convirtió a todos en guerreros versátiles. También entrenó a su único hijo, Aswathama, con cuidado especial.

Además de lo que aprendía directamente, Arjuna observaba sin ser visto y absorbía también las lecciones especiales que Aswathama recibía de su padre. Pronto se volvió un experto en blandir la espada, la maza, y la lanza, o en dar al blanco con su flecha, sin importar lo difícil que fuera atinarle. Peleaba con la misma facilidad a pie, a caballo o en carro; era capaz de enfrentarse solo a gran número de combatientes. Además de estas habilidades, era capaz de lanzar *astras*, proyectiles impulsados por encantamientos mágicos. Así, parecía obrar milagros con su arco y sus flechas.

Un día, para poner a prueba a sus alumnos, Drona colocó un águila artificial sobre un poste alto y les pidió que trataran de separarle la cabeza del cuerpo cuando diera la orden. Antes dijo:

–Dígame cada uno lo que ve en el momento en que apunta.

Comenzó con Yudhistira, quien explicó:

–Te veo a ti y a ese árbol con sus ramas…

Drona sacudió su cabeza y exclamó:

–¡Detente, detente! El siguiente.

El siguiente también describió todo lo que entraba en su campo de visión. Finalmente llamó a Arjuna y le preguntó:

–¿Qué ves?

–Un pájaro allá en lo alto.

–¿Cuánto ves del pájaro?

–Sólo su cabeza.

–¿Qué parte de la cabeza?

–La frente.

–¿Qué parte de la frente?

–El centro.

–Dispara –le ordenó Drona, y Arjuna derribó la cabeza del pájaro con un tiro limpio. Drona lo abrazaba alegre:

–¡Esto sí que es ser buen tirador!

Arjuna tuvo oportunidad de demostrar otra vez su extraordinario don. Una vez, mientras se bañaba en un río, las piernas de Drona quedaron atrapadas en las fauces de un cocodrilo. Arjuna disparó en seguida cinco flechas y cortó al monstruo en pedazos. Por este servicio, Drona le reveló el secreto para usar un arma muy especial. Pero le advirtió: «Si la usas contra un adversario inferior, puede consumir al universo entero; guárdala con cuidado. Si te encuentras a un enemigo sobrenatural, la puedes usar sin miramiento. Con este arma en tus manos, nadie en el mundo será capaz de conquistarte».

Bhima y Duryodhana eran expertos en blandir la maza para atacar y para defenderse. Aswathama era experto en varias especialidades del uso de armas, y los gemelos en el manejo de la espada. Yudhistira era un guerrero sin rival en su carro (era capaz de mover su carro para el ataque y el contraataque, y de combatir en movimiento). Finalmente Drona le informó al rey Dhritarashtra: «Tus hijos han completado su entrenamiento. No tienen nada más que aprender. Ahora debemos organizar una demostración de sus habilidades. Que se celebre una ceremonia pública para que los ciudadanos puedan atestiguarlas».

En un campo amplio, alrededor de una arena espaciosa, se construyeron galerías y pabellones para los espectadores. Se mandaron invitaciones en todas las direcciones. El día escogido, el rey, su esposa y los miembros de la familia real ocuparon asientos especiales. También estaban presentes varios príncipes de países vecinos. Drona entró a la arena vestido de blanco, y anunció al público los nombres y hazañas de sus pupilos, presentándolos uno a uno. Sanjaya, un comentador, se sentó junto a Dhritarashtra y le narró en detalle todo lo que atestiguaba:

–Ya vienen. Yudhistira entra a caballo, dirigiendo a los demás. Sus hermanos más jóvenes están dando una demostración, en orden de rango y de edad, cada uno con su arma predilecta. Es maravilloso. ¡Ah! El público está emocionado y ya se oyen sus gritos. Ah, algunos se vuelven de espaldas por temor a que les caigan flechas, pero las flechas vuelan con tal precisión que caen a menos de una pulgada de quienes están sentados en la primera fila. ¡Bien hecho! ¡Bien hecho! ¡Qué gracia y agilidad! Ahora se acerca el *guru* para darles su bendición en público. Se le ve tan contento…

Al principio Dhritarashtra escuchó el relato con entusiasmo, pero después preguntó fríamente:

–¿Qué hay de mis hijos? No has dicho nada acerca de ellos.

–Sí, sí, ahí están, resplandecientes también, quizá esperando su turno.

–No dices nada sobre Duryodhana.

–Está entrando con su maza en alto, y Bhima se enfrenta a él, blandiendo su maza como un elefante salvaje cuando levanta su trompa… Duryodhana está rodeado por sus hermanos. Parece el planeta rojo rodeado por sus estrellas; su cara enrojecida por la furia, y si chocan sus mazas será un espectáculo insoportable. Pero Aswathama se planta en medio de tus hijos… se mueve con facilidad y confianza entre las montañas que chocan entre sí. Su padre, Drona, le ha pedido que detenga y separe a Bhima y a tu hijo.

»Arjuna está en el centro de la arena… Ha dominado los *astras*, y los *mantras* que los llenan de poder. Ahora con una flecha ha creado fuego; ahora agua, viento y tormenta. ¿No lo oyes? Ahora nubes, y tierra, ha creado montañas alrededor, y al usar otra arma todas se desvanecen súbitamente. Ahora en carroza, ahora a pie, tan diestro y veloz. Ahora descarga veinte flechas en el hueco de un cuerno de toro que cuelga y se mece en el viento. ¡Maravillosas hazañas!¡Maravillosas hazañas…! Su maestro derrama lágrimas de felicidad. Arjuna se detiene sólo para recibir una palmada en la espalda.»

Cerca del final de la gran exhibición de Arjuna, cuando la emoción del público comenzaba a disiparse y los instrumentos musicales guardaban silencio, surgió de la reja de entrada un súbito tumulto. Un guerrero, hasta entonces desapercibido, cubierto de armadura de cota de malla, resplandeciente y con aretes, lanzaba retos en tono estruendoso. Era Karna, a quien nadie había visto antes excepto Kunthi, que lo había dejado en el río cuando era un bebé. Tratándose del hijo del dios del sol, tenía una personalidad radiante, y la gente se volvía para verlo preguntando:

—¿Quién es este joven? ¿Quién es?

El guerrero saludó con indiferencia a Drona y a los mayores y proclamó:

—Yo puedo hacer todo lo que ha hecho Partha[1] y aún más.

Con el permiso de Drona, repitió cada acto que Arjuna hubiera llevado a cabo. Esto encantó a Duryodhana, quien lo abrazó, feliz de haber encontrado un rival de Arjuna, y prometió:

—Lo que desees será cumplido. Vive con nosotros y sé uno de nosotros. Trata lo nuestro como si fuese tuyo.

---

1. Otro nombre de Arjuna.

Karna respondió:

–Acepto tu amistad sin reparo. Tengo sólo un deseo, ayúdame a conseguirlo: deseo enfrentarme con Arjuna en un combate singular.

–Adelante, tienes nuestra bendición –dijo Duryodhana–. Sabemos que colocarás tus pies sobre la cabeza de tu enemigo, quienquiera que sea.

El diálogo inquietó a Arjuna.

–Eres un intruso, llegas sin invitación y sin ceremonia, y te daré el tratamiento que merece un intruso insolente.

–Ésta es una arena pública –replicó Karna–. Tengo tanto derecho de estar aquí como cualquier otro. Un verdadero *kshatriya* no tiene necesidad de gastar su tiempo en palabras, como los débiles de otras castas que se agotan en discusiones fútiles. Si has aprendido a usar el arco y la flecha ¡déjalos hablar y tendrás mi respuesta de inmediato!

Los participantes formaban grupos definidos: los hermanos Pandavas rodeando a Arjuna de un lado, Duryodhana del otro, y Drona, Vidura y los demás mayores en medio. Cuando se encararon, Kunthi –quien había reconocido por ciertas marcas que Karna era su hijo– se desmayó ante la perspectiva de que los hermanos se atacaran. Rociándola con un poco de pasta de sándalo y agua de rosas, Vidura, quien sabía los antecedentes de Karna, revivió a Kunthi.

A Arjuna, por ser hijo de Indra, amo de las nubes y los truenos, lo protegía ese dios, quien hizo descender nubes y neblina para esconderle. Karna, por ser hijo del dios del sol, estaba bañado en una luz brillante y quedó expuesto, el blanco perfecto para un arquero. En ese momento Kripa, maestro de la ciencia de la guerra y *guru* de los hijos de Dhritarashtra, se dirigió a Karna:

–Guerrero, por favor, dinos los nombres de tu padre y tu madre y el nombre de la familia real de la que desciendes.

Después de que lo reveles, este guerrero Arjuna decidirá si combate o no. Es hijo de un rey, y sabrás que los hijos de los reyes no se rebajan a pelear con hombres de menor linaje.

Con esto se le cayeron las ilusiones a Karna. No podía satisfacer las formalidades del linaje. Quedó mudo.

Duryodhana interrumpió:

–En este preciso momento, yo lo nombro rey de Anga, acto para el cual tengo autoridad.

Apresuradamente convocó a los sacerdotes a la arena, representó la ceremonia de una coronación y, ante el asombro del público, proclamó a Karna como rey de Anga. Luego se dirigió a Arjuna:

–Ahora está aquí el rey, que no tiene objeción en trabar batalla contigo, que eres apenas un príncipe. Puedes ver la sombrilla real detenida sobre su cabeza.

Pero no hubo combate. El duelo fue sobre todo verbal, ya que Bhima llegó a poner en duda la condición real de Karna:

–Hace un momento advertí que el conductor de su carroza se acercaba a abrazarlo y animarle. No era un gran conductor, como se podría esperar en una batalla, sino un *suta* común que fustiga a sus caballos y conduce a su amo de un lugar a otro. A este caballero se le ha nombrado rey, pero no es más que el hijo de un carretero. Vete, vete de aquí; tu mano está hecha para restallar el látigo, no para levantar una espada o un arco.

Duryodhana replicaba:

–Karna no es sólo el rey de Anga, sino que podría fácilmente ser el amo del mundo entero. Será igual a cinco de ustedes, o más, a la vez. Si alguien no lo cree, déjenlo subir a su carroza y tensar su arco, usando sus manos y sus pies.

Se oyeron murmullos confusos entre la multitud, algunos aprobatorios, otros desaprobatorios. En aquel momento se puso el sol y, como no puede haber combate después de

41

la puesta de sol, la asamblea se dispersó. Duryodhana, tomando a Karna de la mano, lo condujo por un camino de lámparas encendidas especialmente para él.

Poco después, Drona reunió a sus pupilos y anunció:
–Ha llegado la hora de exigirles mi pago por el entrenamiento y la orientación que les he dado. He esperado este momento toda mi vida.

Cuando todos le aseguraron que le darían lo que pidiera, dijo sólo:
–Ahora deben marchar a Panchala, atrapar al rey, cuyo nombre es Drupada, y traerlo prisionero hasta mí. Si tienen éxito en esto, habrán cumplido la ambición de mi vida.

Sin pedir una sola explicación, le aseguraron:
–Saldremos en este mismo instante.

–Sí, pero primero escuchen esta historia –explicó Drona–. Cuando era joven, vivía con mi padre, Bharadwaj, un gran maestro. Me entrenó para que pudiera ser maestro llegado mi momento, y si algo han aprendido ahora es lo que él me enseñó en un principio. Mi compañero de estudio era entonces el hijo de un tal Prishta, y venía todos los días a nuestra ermita a estudiar y luego a jugar conmigo. Éramos buenos amigos. Cuando Prishta murió, mi amigo le sucedió en el trono. Nos despedimos, y me dijo que no dudara en buscarle si necesitaba su ayuda. Cuando nació mi hijo Aswathama, mi padre ya no vivía y pasé dificultades. Cuando lloraba pidiendo leche y yo no podía conseguírsela, me sentí desesperado, y pensé en visitar a mi amigo para pedirle una vaca. Los guardias de su palacio me detuvieron. Les ordené que anunciaran al príncipe –así lo había conocido– que su viejo amigo estaba ahí para verlo. Me hizo esperar en la reja hasta el atardecer, y luego dos guardias me escoltaron, como preso, hasta estar en su augusta presencia. Mirándolo sentado ahí en lo alto, rodeado por sus cortesanos, me sentí como un mendigo.

—¿Quién eres? ¿Qué quieres? —preguntó majestuosamente. Expliqué quién era y cómo había venido a verle como a un viejo amigo.

—¡Amigo! —repitió con desprecio, mirando a su alrededor. Sus cortesanos se burlaban con urbanidad, me miraban con sorpresa, y sacudían sus cabezas. Repetí la palabras "amigo", tras lo cual, desde su preeminencia, el rey dijo:

—Ignorante, ¿no te das cuenta de que no puede haber tal cosa como la amistad entre personas de jerarquías desiguales? ¿Cómo puede un rey ser amigo de un hombre necesitado como tú? Evidentemente, has venido a pedir algo. Sí, y eso lo obtendrás por haber viajado desde tan lejos. Veo que eres un brahmán necesitado, pero no pidas amistad. Nunca podrá ser. Llévate tu regalo y vete. —Se volvió hacia un cortesano dijo algo, y luego continuó: —Puede ser que en alguna etapa estuvimos juntos bajo circunstancias especiales, ¿pero no te das cuenta de que el tiempo lo cambia todo? No hay tal cosa como la amistad permanente; es una noción infantil… Ahora puedes irte, toma los obsequios que te traerán y vete.

»Quedé mudo de rabia. No pude mencionar a mi hijo. Apenas podía creer que éste era el mismo hombre con el que jugaba bajo los árboles de nuestra ermita hasta que lo llevaban a su casa en las tardes. Estaba demasiado enojado como para decirle más que esto:

—Dejaré que pase ese "tiempo" del que hablas para poder dirigirte otra vez la palabra. —Me volví y partí, mientras me seguían con toda clase de obsequios en un gran paquete. Arrojé aquel bulto contra la reja del palacio y me fui a casa. Después, anduve por aquí y por allá, y cuando vine a esta ciudad Bhishma me reconoció y me contrató para que fuera

su maestro. Ahora permítanme exigir mi pago. Vayan todos,
ataquen Panchala con sus mejores armas, carros y hombres,
y tráiganme a Drupada preso, vivo...»

Pronto los engranajes de la guerra se echaron a andar, y
los jóvenes estaban encantados de poder probar sus habilidades guerreras. En unos pocos días volvieron con el botín
solicitado, el rey Drupada cautivo. Lo colocaron frente a su
maestro Drona, quien le habló desde su elevado asiento
eminente:

–Mi hijo, Aswathama, era un niño que necesitaba leche
cuando me acerqué a ti pidiendo ayuda para comprarle una
vaca. Hoy es un guerrero por derecho propio; se unió a mis
otros pupilos para sitiar tu ciudad; todo por órdenes mías.
Podría quitarte la vida, si así lo decidiera, pero no tienes
nada que temer. No soy vengativo, y aún aprecio la memoria de nuestros días de infancia. Te devolveré la mitad de tu
reino, sin que lo pidas. La otra mitad la conservaré y la go-
bernaré, para que seamos siempre iguales. Siempre seré tu
amigo; que no te quepa duda alguna.

3. LA CASA DE LA ALEGRÍA –Y CENIZAS

Dhritarashtra, en un arranque de afecto por sus sobrinos, anunció que Yudhistira sería su heredero, pero se arrepintió en seguida. El heredero y sus hermanos parecían tomarse sus papeles demasiado en serio. Juntos y por separado, los hermanos dirigían expediciones por los reinos vecinos, conquistaban territorios y expandían el imperio de los Kurus. Se conviertieron en héroes ante los ojos del público, que discutía sus hazañas constantemente.

Como es apropiado a un rey, Dhritarashtra constantemente preguntaba a sus espías: «¿De qué habla la gente?». Los espías informaban que en el mercado todos hablaban sobre las hazañas de Arjuna, los logros de Bhima o la grandeza de Yudhistira. El rey hubiera preferido que se mencionara a sus hijos, pero no había referencia alguna a Duryodhana ni a sus hermanos.

Llamó a su primer ministro, un hombre versado en sutilezas políticas, y le preguntó en confidencia:

–¿Notaste cómo los hijos de Pandu están tratando de hacerse populares, eclipsando a todos los demás? No me siento contento. Tú sabes que mis hijos y mis sobrinos están igualmente dotados, pero éstos están llegando demasiado lejos. Por favor aconséjame. Tú sabes lo que pienso.

El ministro, astuto y hábil, respondió:

–Sí, sí, entiendo. Estaba preparándome para abordar el tema yo mismo.

A continuación expuso sus ideas sobre cómo un rey debe protegerse de sus enemigos dentro y fuera de su reino, y cuán despiadado debe ser para mantenerse a salvo:

–Mantén tus dientes suficientemente afilados para poder dar un mordisco fatal en cualquier momento. Debes temer hasta a aquéllos por quienes no esperas ser traicionado. Nunca confíes en nadie, ni muestres abiertamente tu desconfianza. Un rey no puede tener ni amigos ni parientes, si Su Majestad me permite decirlo. Debemos colocar espías no sólo en reinos extranjeros, sino también entre nosotros: en jardines públicos, en lugares de diversión, templos, salones de bebida, en las casas de ministros, del suno sacerdote, del juez principal, del heredero designado y el presunto heredero, y también cerca de los porteros y los conductores de carrozas… Nuestras fuentes de información deben ser ilimitadas y deben estar diseminadas. Cada informe, sin importar cuán breve sea, debe ser escrutado y evaluado. Desde hace tiempo estoy considerando varias medidas de seguridad que deben ponerse en práctica en el palacio, y sólo ahora me atrevo a hablar de ellas. –Sugirió de forma sutil y dando rodeos que el rey debería exiliar a sus sobrinos.

Duryodhana, después de asegurarse de que la complacencia de su padre había sido sacudida, le susurró en el secreto de su alcoba:

–Debemos velar por nuestra seguridad; ha llegado la hora. Nuestros espías informan de que los ciudadanos esperan la coronación de Yudhistira en cualquier momento. Te equivocaste nombrándole heredero al trono. La gente supone que estás abdicando debido a tu impedimento, como ya una vez lo hiciste en favor de Pandu. Es hora de despertar. Trataré de ganarme a los sectores más importantes del público con regalos y honores, para que comiencen a hablar en favor nuestro. La cosa funcionará, pero gradualmente. Mientras tanto, es importante que saquemos a los hijos de Pandu de la capital, al meno menos durante un tiempo. Si el hijo de Pandu se convierte en rey, y después de él, su hijo o sus hermanos, y luego sus hijos, desapareceremos. No hay razón para que te alarmes. Mientras vivas estarás bien cuidado. Aquí está Bhishma, y los hijos de Pandu no se atreverían a tocarte. Pero los demás, los hijos del antiguo rey ciego, estaremos perdidos.

Dhritarashtra buscó la oportunidad de hablar con Yudhistira, cuyas horas estaban plenamente ocupadas en llevar a cabo sus obligaciones como heredero. Consolidaba el control sobre los territorios que había conquistado para el rey, escuchaba las quejas de los habitantes e inspeccionaba al ejército, alentando a los generales con elogios y condecoraciones. Estaba disponible para todos y cada uno, y apenas molestaba a su tío con asuntos de estado.

Después de esperar un par de días, Dhritarashtra mandó llamar a Yudhistira.

–¡Cuánto trabajas! –le dijo–. Tengo la buena fortuna de contar con tu ayuda; me has quitado de encima mucho trabajo fatigoso. Sin embargo, empiezo a pensar que mereces un cambio, algún descanso. Estoy pensando a dónde podrías ir si quisieras…

Se detuvo, como si considerara varias posibilidades. El miedo lo había vuelto taimado. Ya había decidido, aconsejado por Duryodhana, que mandaría a Yudhistira a un lugar llamado Varanavata, a una distancia segura de la capital. Continuó:

–Durante el festival ya próximo de Shiva, el pueblo estará lleno de alegría, y no tengo duda de que disfrutarás esos días festivos. Lleva a tu madre y a tus hermanos; lleva muchos obsequios para que puedas repartirlos liberalmente entre los artistas, actores y eruditos; quedaos en Varanavata cuanto tiempo queráis. Después de todo, el heredero al trono debe familiarizarse con todas las regiones de su reino y debe haber sido visto por todos sus súbditos antes de ser coronado.

Yudhistira entendió las implicaciones de esta generosa oferta, pero calló lo que pensaba.

En un día prefijado por los astrólogos, Yudhistira se despidió de su tío y, acompañado por sus hermanos y su madre, se encaminó hacia Varnavata con varias carrozas. Les seguía un gran grupo de ciudadanos, algunos manifestando sus sospechas sobre las intenciones del rey. Yudhistira calmó sus miedos y suspicacias:

–Nuestro rey es nuestro padre, y le preocupa nuestro bienestar. Sus intenciones hacia nosotros son buenas. Volveremos después de haber disfrutado las fiestas.

Como cortesía, Bhishma y Drona y otros mayores escoltaron a los Pandavas una parte del camino, y luego volvieron. Vidura les acompañó aún más lejos, hasta los límites de la ciudad, en donde todavía les rodeaba un grupo de ciudadanos.

Antes de despedirse, Vidura emitió una advertencia en lenguaje secreto: «El que entiende a su enemigo no será lastimado nunca. Hay armas cortantes, aunque no de acero, que pueden herir si uno no vigila. Lo que consume a la madera y a la paja no puede alcanzar a un hoyo; recuerda que el chacal emerge de la tierra por muchas salidas. El caminante puede orientarse con las estrellas y sobrevivir con firmeza de mente».

Yudhistira contestó de la misma forma:

–Entiendo.

Más tarde, cuando los demás los habían dejado y avanzaban por el camino, Kunthi comentó:

–Antes de despediros, tú y Vidura conversabais en un código extraño. No podíamos entender lo que decíais. ¿De qué se trataba?

–Lo entenderás con el paso del tiempo. No hablemos más de ello por ahora –contestó Yudhistira.

Los ciudadanos de Varnavata recibieron a los Pandavas con gran entusiasmo. Les invitaron a muchas casas. Los Pandavas se mezclaban con la multitud y disfrutaban las emociones del festival de Shiva. Entre quienes les habían recibido con grandes muestras de afecto estaba un tal Purochana, un arquitecto, que era agente de Duryodhana. Había diseñado para los Pandavas una mansión exclusiva llamada la Casa de la Alegría, con lujosas camas, alfombras y lechos diseñados especialmente, y repleta de viandas y bebidas. Los hermanos y su madre tenían cada uno habitaciones propias con todas las comodidades.

Pero cuando Purochana les dejó solos, Yudhistira le habló a Kunthi en privado:

–El infeliz piensa que no me doy cuenta. Madre, esto es lo que nos advirtió Vidura. Si aspiras profundamente, notarás el tufo de aceite, resina y paja con que están rellenas estas paredes doradas. Él vive aquí para ahuyentar sospechas, pero está esperando una señal de nuestro querido primo para incendiar la casa a media noche. Seamos cuidadosos para no delatar el hecho de que estamos enterados.

Tal y como esperaban, unos días después llegó un visitante discreto, un mensajero de Vidura. Se identificó citando la advertencia de Vidura a Yudhistira:

–Recuerda que el chacal emerge de la tierra por muchas salidas –a lo cual Yudhistira respondió:

–Entiendo.

El visitante dijo:

–Soy especialista en excavar minas. Puedo hacer túneles subterráneos.

Cuando Yudhistira lo llevó a un lado, el minero continuó:

–Purochana ha ordenado esperar hasta la mitad oscura del mes e incendiar la casa el decimocuarto día a la media noche, mientras ustedes duermen.

Con sonrisa torva, Yudhistira comentó:

–¡Qué considerados!

–Habré completado mi trabajo mucho antes de entonces –dijo el minero–. ¿Puedo revisar la mansión y encontrar un lugar donde excavar? Nadie debe oír el sonido de nuestros picos.

En una parte central de la casa, una habitación de muros y puertas gruesas, el minero levantó el piso a puerta cerrada, tratando de evitar la suspicacia de Purochana. Cuando el hoyo quedó listo, lo cubrieron con tablas mientras los hombres del minero trabajaban bajo tierra y construían un túnel. Purochana, sin sospechar cosa alguna, continuaba desempeñando el papel de encargado en la casa de los Pandavas, y los ciudadanos de Varanavata no eran conscientes de todas aquellas intrigas y contraintrigas, pero estaban felices de tener a los príncipes Pandava entre ellos.

Cuando el túnel quedó listo, Kunthi invitó al público a una gran comida. Después de alimentar y despedir a los huéspedes, Yudhistira dijo a sus hermanos:

–Es hora de que nosotros nos vayamos también.

Abrieron el pasadizo secreto, y cuando todos los demás habían entrado, Bhima se quedó atrás para prender fuego a la casa, empezando por la habitación en la que dormía Purochana. La conflagración fue espectacular. Por haber sido construido con el material con que fue construido, muy pronto el edificio entero estuvo consumido por las llamas. Cuando el pueblo se dio cuenta, los Pandavas ya se habían alejado por el túnel.

Al salir del otro lado a la orilla de un río, un barco les esperaba con las velas aparejadas. El barquero había sido contratado por Vidura y se identificó repitiendo el mensaje: «Recuerda que el chacal emerge de la tierra por muchas salidas». Luego los cruzó sanos y salvos a la otra orilla del río. Ahí entraron en un bosque espeso, por el cual vagaron sin rumbo fijo, tratando sólo de alejarse de Hastinapura.

Hubo mucho duelo público y regocijo privado cuando se supo la noticia de que los Pandavas habían muerto en un incendio. En la mansión llamada la Casa de la alegría se descubrieron los restos calcinados de una mujer y sus cinco hijos. Dhritarashtra no había esperado que las medidas de seguridad se llevaran a tal extremo, y sintió remordimiento. Ordenó elaboradas exequias para los queridos difuntos y luto público en todo el reino.

4. NOVIA PARA CINCO

En el bosque, Bhima montaba guardia, mientras su madre y sus hermanos, vencidos por la fatiga, se desplomaban y caían dormidos. Su corazón sangraba de verlos acostados al raso. Al pensar en su penuria, apretó los dientes y juró vengarse de sus parientes. Pero con su fuerza física pudo mitigar el sufrimiento de los otros. Hasta fue capaz de llevarlos a hombros cuando uno u otro sentía cansancio o los pies doloridos.

Una vez se encontró a un *rakshasa*, escondido en una cueva de la montaña, que desviaba del camino a los viajeros que cruzaban el bosque y se los comía. Bhima lo destruyó y volvió seguro el camino para quienes pasaran después. La hermana del *rakshasa*, Hidimba, se enamoró de Bhima, asumió una forma humana bella y le dio un hijo llamado Ghatotkacha, quien siempre llegaba al auxilio de su padre en momentos de crisis y que más tarde desempeñaría un papel importante en una batalla.

El camino por delante parecía tan inacabable como el camino recorrido. Los exiliados habían perdido todo sentido de orientación y de propósito. Comían raíces y moras o cazaban. Habían pasado muchos bosques, montañas y lagos, sin ninguna certeza excepto que iban en la dirección correcta, alejándose de Hastinapura. De vez en vez Kunthi preguntaba:

–¿Tienen idea de dónde y cuándo nos detendremos?

–No –respondía Yudhistira–, pero no tengo duda de que encontraremos la orientación necesaria en el momento adecuado. –Continuaba, y los demás lo seguían.

Un día, al crepúsculo, cuando descansaban junto a un lago después de hacer sus abluciones y los rezos de la tarde, se apareció un visitante venerable. Era su bisabuelo Vyasa, el nacido en una isla, compositor de *El Mahabharata*. Fue un agradable cambio después de tanto andar con la misma compañía.

Vyasa dijo:

–¿Veis esos dos senderos? Tomad el de la izquierda y llegaréis a un pueblo llamado Ekavrata. Ahí estaréis a salvo de que os encuentren. Deberéis comportaros como brahmanes, vivir calladamente y esperar. Vuestras fortunas y sus circunstancias cambiarán. Pero sean pacientes. Vislumbro una victoria para sus principios. No tengáis duda de que volveréis a vivir en vuestro palacio, presidiréis sobre vuestro reino, daréis regalos y limosnas a los necesitados y llevaréis a cabo grandes sacrificios como el *rajasuya* y el *aswametha*.

En Ekavrata, Vyasa presentó a los Pandavas a una familia hospitalaria que les dio albergue. Se sentían en paz consigo mismos, pero les roía el recuerdo de la vileza de sus primos. Yudhistira siempre les calmaba con su filosofía de resignación y esperanza. Su vidas diarias cayeron pronto en la rutina. Como era apropiado a los brahmanes, iban por el pueblo pidiendo limosnas, regresaban con lo recogido, y lo ponían delante de su madre, quien lo dividía entre ellos. Como las necesidades de Bhima eran mayores que las de los demás, se le daba la porción mayor de alimento. Así la vida continuó sin novedad hasta que un día encontraron a sus anfitriones apesadumbrados, discutiendo entre ellos. Había gran desasosiego y muchos lamentos en el altercado que los huéspedes oían por accidente. Llegó el momento en que fue inevitable para los Pandavas pedir una explicación.

Su anfitrión dijo:

–En la orilla del pueblo vive un *rakshasa* que nos deja en paz con la condición de que cada hogar le mande, por turnos, una carreta llena de arroz y dos búfalos, entregados por un habitante de esa casa. Siempre está tan hambriento que consume la comida, los búfalos, y finalmente también a la persona que le trajo el alimento. No osamos quejarnos, ya que amenaza con destruir al pueblo entero si hay alguna forma de resistencia. A cada hogar le toca su turno; hoy es el nuestro. Quiero ser yo quien vaya para salvar a los miembros más jóvenes de mi familia, pero cada uno quiere ser la víctima para salvar a los demás. No sé. Creo que lo mejor sería que ese demonio nos comiera a todos para que no quedara vivo ninguno que tuviera que llorar por los demás…

Después de considerar la situación, Kunthi se volvió hacia Bhima y dijo:

–Lleva tú la comida para ese *rakshasa* hoy.

Cuando Bhima aceptó con presteza, Yudhistira trató de detenerlo.

–No podemos arriesgar a Bhima, ni a Arjuna, ni a los gemelos, que son muy jóvenes… Déjame llevar el alimento del *rakshasa*. Aun si muero, Bhima y Arjuna los podrán sacar a todos de los tiempos difíciles.

Kunthi no admitió su alegato.

–Dejemos que vaya Bhima; volverá.

Bhima llegó a la orilla del pueblo empujando la carreta llena de comida y a los dos búfalos. Soltó a los animales antes de entrar al bosque y dio un gran grito, llamando al demonio por su nombre.

–¡Baka, sal de ahí! –llamó repetidamente, y comenzó a comerse el alimento–. Escucha, desgraciado –lo retó–, ven y mírame comer.

El demonio salió con estruendo.

–¿Quién eres tú para llamarme por mi nombre? –Era feroz e inmenso.

Bhima continuó comiendo con calma sin volverse siquiera, mientras el demonio se le acercaba por detrás haciendo alboroto. Al notar su indiferencia, el *rakshasa* le golpeó por detrás, pero Bhima siguió comiendo.

–¿Quién eres, que te comes el alimento enviado para mí? ¿Dónde están los animales?

Bhima dijo:

–¿Animales? ¿Los búfalos? Están pastando en paz en algún lado. Los dejé ir. Hoy no los comerás a ellos ni a ninguna otra cosa. Hoy te toca ayunar.

No se inmutó ni siquiera cuando el *rakshasa* comenzó a golpearle por detrás. –No me gusta que me molesten cuando estoy comiendo; debes aprender a esperar.

El *rakshasa* estaba confundido y le daba más golpes, pero Bhima, con la boca llena, se lo quitó de encima como si fuese sólo un insecto en la nuca. El *rakshasa* intentó alejarlo del montón de comida y apoderarse él mismo de ella. Apenas podía mover a Bhima de donde estaba sentado, y cuando trataba de alcanzar su comida Bhima apartaba su mano con gran indiferencia.

–¡Tengo hambre! ¿cómo te atreves? –gritaba el *rakshasa* hasta que el bosque se llenó con su voz–. ¡Te comeré!

–Sí –dijo Bhima–, sé que lo harás, demonio, que tratas a los que te traen comida como si fueran un plato más. Entérate de que ya no lo podrás hacer más.

–¿Piensas comerme? –preguntaba el *rakshasa* con sorna.

–No, no me apeteces, pero puedo convertirte en pasto para los chacales y los buitres...

Cada intento del *rakshasa* por apoderarse del montón de arroz fue frustrado por Bhima, quien empezaba a disfrutar inmensamente del juego. También los intentos del *rakshasa* por estrangularlo fueron fallidos. Bhima no se movió hasta haberse acabado la última miga de la comida que había traído, y después se volvió hacia su contrincante para arreglar cuentas. Siguió una gran batalla –arrancaron árboles, lanzaron grandes rocas y se golpearon con los puños. Finalmente Bhima levantó al *rakshasa* sobre su cabeza, lo hizo girar y lo tiró al suelo. Mientras yacía débil, Bhima le puso encima la rodilla y le rompió la columna vertebral.

Los habitantes del pueblo estaban llenos de agradecimiento y se preguntaban sorprendidos cómo un brahmán habría llegado a tener tanta fuerza y valor, cualidades que habrían sido apropiadas sólo en un *kshatriya*. Los Pandavas explicaban que Bhima había dominado ciertos *mantras* esotéricos que le permitían sobreponerse aun al más temible de los adversarios.

Pronto fue necesario que los Pandavas dejaran atrás su hospitalario hogar, en donde corrían el riesgo de ser reconocidos. Además, un viajero les había informado de que Drupada, el rey de Panchala, había anunciado el *swayamwara* de su hija, y que había mandado invitaciones a lo largo y ancho del territorio para que los aspirantes se reunieran en su palacio cierto día con el fin de que la novia eligiera.

La historia de Drupada

Drupada, dolido por la derrota que había sufrido a manos de los discípulos de Drona, había vagado por su territorio y había encontrado a un gurú, que le dio instrucciones para engendrar un hijo que algún día pudiera derrotar a Drona.

Llevó a cabo rezos y sacrificios, y del fuego del sacrificio nacieron un hijo y una hija. El hijo nació empuñando armas y cubierto de armadura, y daba todas las señas de convertirse en un guerrero sobresaliente. Se llamó Dhrishtadyumna, que significa "quien nace con valor, armas y ornamentos." La hija era bella y de piel oscura, y se llamó Draupadi y también Panchali.

No podían perderse el *swayamwara* de Draupadi, así que los Pandavas y su madre se encaminaron hacia Panchala. Allí, ocuparon una humilde casa en la calle de los alfareros. Al comienzo de cada día salían a pedir limosna, y volvían a casa con lo recogido para que su madre lo dividiera entre ellos.

El día del *swayamwara* los Pandavas salieron de su casa y se unieron a la multitud que se dirigía hacia el palacio. Se había despejado un gran espacio y se habían construido habitaciones para dar acomodo a los visitantes y a los jóvenes que buscaban la mano de la princesa. Jóvenes príncipes con joyería llamativa y llevando armas imponentes habían llegado a caballo y en carroza.

Comenzó el día con elaboradas ceremonias ejecutadas por los sacerdotes reales. A la hora fijada entró Draupadi en la arena y miró alrededor, acelerando los jóvenes corazones. La escoltaba Dhrishtadyumna, su hermano, el príncipe de la casa. Anunció que aquéllos dignos de ser escogidos por la princesa debían tensar un arco colocado sobre un pedestal y disparar cinco flechas a un blanco que giraba por encima viendo sólo su reflejo en un cazo lleno de aceite.

Los príncipes de la clase guerrera fueron los primeros en acercarse, pero la mayor parte se retiró después de ver el arco. Uno o dos lo dejaron caer sobre sus propios pies. Algunos no podían siquiera estirar el rollo de acero que formaba la cuerda del arco.

Draupadi observaba con alivio el proceso de eliminación. Veía a los príncipes, en imponente vestimenta de guerra, acercarse con altivez y retirarse con premura, alejándose a galope. Comentarios, bromas y risas llenaban el aire.

Los Kauravas estaban agrupados en un rincón del salón viendo con desprecio a quienes llegaban y se iban. Karna, el más dotado maestro de las armas y de la arquería, estaba con Duryodhana. Sus hermanos y su séquito ocupaban los asientos de honor y se mofaban de quienes fallaban. Cayó un silencio sobre la muchedumbre cuando llegó su turno, y la joven se estremeció instintivamente y suplicó a los dioses que la salvaran de ellos.

Vio con aprensión cómo Karna se aproximó al arco y lo levantó como si se tratara de un juguete. Lo puso vertical y estiró la cuerda. Pero en el momento preciso en que apuntaba y se disponía a tirar al blanco, se oyó a Draupadi decir:

–No lo aceptaré.

Con eso, Karna tiró el arco y volvió a su asiento con una sonrisa torcida.

Duryodhana frunció el entrecejo y susurró:

–No tenía derecho a hablar. Si logras encordar el arco y dar al blanco, debe aceptarte. Ésa es la condición. De otra forma, puedes tomarla y escapar. Vuelve y toma el arco. Nosotros te apoyaremos.

–No –dijo Karna–, no la quiero.

En la reunión, sin ser visto, estaba alguien que más tarde desempeñaría un papel vital en el *Mahabharata*. Era Krishna, el rey de Dwaraka, octava encarnación del dios Vishnu, quien había nacido en el clan Yadava. Había encarnado como humano, según había explicado:

«Para proteger a los virtuosos,
para destruir el mal, y
para establecer la rectitud
renazco en cada era.»

Le susurró a su hermano, Balarama, sentado a su lado:

–Esos brahmanes no son otros que los Pandavas, que se suponía que habían muerto en un incendio. Esto estaba predestinado, y aún oíremos hablar mucho de ellos.

Hubo conmoción cuando Arjuna se levantó de entre los brahmanes. Hubo gritos de protesta:

–¿Cómo se atreve un brahmán a entrar en esta competetición, que sólo está abierta a los de la clase guerrera? Que los brahmanes se dediquen a sus escrituras.

Pero el rey Drupada decidió que no había hecho mención de casta en su convocatoria. Cualquiera podía probar suerte en el *swayamwara*.

Draupadi miraba ansiosamente mientras Arjuna se aproximaba al arco. No sólo pudo tensar el arco, sino dar al blanco repetidamente: cinco veces. Draupadi se le acercó con la guirnalda de flores y se la colocó en el cuello, y así quedaron comprometidos. Arjuna tomó su mano y la condujo hacia fuera.

De inmediato hubo una conmoción.

–¡Nos han engañado! ¿Cómo puede un brahmán desposar a una *kshatriya*? No lo toleraremos. Mataremos al rey Drupada y nos llevaremos a la joven.

Se desató una gresca. Bhima, el más fuerte de los Pandavas, armado con dos troncos de árboles arrancados del parque, protegía a la princesa mientras la llevaban hasta su casa en la calle de los alfareros.

Kunthi estaba en la cocina cuando llegaron los hermanos. Bhima, queriendo sonar alegre, llamó desde la entrada:

–Madre, sal de ahí, ven a ver la *bhiksha* que hemos traído hoy.

Sin salir, Kunthi contestó desde la cocina:

–Muy bien, repártanla entre ustedes.

–¡Ay! –exclamó Bhima.

–¡Ay! ¡Ay! –gritaron todos, y la exclamación más fuerte
fue la de Arjuna, que había ganado a la novia.

La madre salió a ver por qué había tanto alboroto y gritó:

–¡Ay! ¿Quién es ella? ¿La ganaste, Arjuna?

Estaba llena de alegría, y tomó la mano de la joven:

–¡Arjuna, has ganado a esta novia, esta princesa, esta
hermosa criatura! Así que entraste en la competencia después de todo. Nunca pensé que lo estuvierais considerando
seriamente. ¡Qué riesgo habéis corrido de ser descubiertos
por vuestros enemigos! ¡Qué contenta estoy de dar la bienvenida a esta nuera! Dime, ¿cómo fue?… Entra, entra.

Su alegría era ilimitada. Su hijo había ganado la mayor
de las competiciones y la había superado ileso y con gloria.

–Entrad, entrad…

Entraron detrás de ella. Extendió un tapete y le dijo a la
joven que tomara asiento, pero, como nuera bien educada,
Draupadi no se sentó mientras los hombres y su suegra estuvieran de pie. Además, su mente estaba hecha un remoli-
no.

Hubo una pausa incómoda mientras los cinco hermanos
permanecían en pie, inmóviles, indecisos, y Draupadi apar-
tada mirando con los ojos al suelo, tratando de no mirar a
los cinco hombres que la habrían de compartir si la orden
de la madre llegase a obedecerse. ¡Qué apuro para la joven,
que pensó estarse casando con un hombre y descubrió que
había otros cuatro que no esperaba!

Draupadi estudiaba a los cinco hermanos lo más discre-
tamente posible, preguntándose qué capricho del destino la

habría colocado en aquella posición. Kunthi trataba de darle poca importancia a su propio consejo y dijo riéndose:

–Claro que no sabía lo que querían decir cuando anunciaron que habían traído *bhiksha*. Pensé que eran las limosnas de siempre... –Su voz se apagó.

Bhima, el poderoso, incapaz de sutilezas de idioma, se esforzaba por explicarse:

–Yo... quería hacer broma, yo quería...

Fue Arjuna quien rompió el momento incómodo:

–Madre, tu palabra siempre ha sido una orden para nosotros, y su autoridad es inexorable. ¿Cómo podría ser de otra forma? Compartiremos a Draupadi, como lo has ordenado.

–¡No, no, no! –gritaba la madre.

Yudhistira dijo:

–¡Arjuna! ¿Qué propuesta tan descabellada estás haciendo en broma? Una mujer casada con un hombre que es esposa de dos, tres, cuatro, o cinco, es una mujer pública. Es una mujer pecaminosa. ¿Quién ha oído tal cosa?

La madre dijo:

–No hagáis caso de un consejo dado sin querer. Me haces sentir infeliz y culpable, hijo mío. Ni se te ocurra sugerir tal ultraje.

Arjuna suplicaba:

–No me conviertas en un pecador; no es justo condenarme a cometer el pecado de la desobediencia a la palabra materna. Tú, mi hermano mayor, eres un hombre de mente juiciosa que conoce el bien y el mal. Tus cuatro hermanos y esta mujer estamos obligados a acatar tu palabra. Aconséjanos sobre lo que es correcto y justo. Aconséjanos, y estaremos obligados a cumplir tu palabra, pero no olvides que no podemos desobedecer las órdenes de una madre.

Cuando dijo esto, todos los hermanos examinaron el rostro de la joven, y sus corazones latieron más aprisa, porque

Manmatha, el dios del amor, ya estaba haciendo su trabajo, agitándoles la sangre y afectando su visión.

Yudhistira pensó sólo un momento, y recordó las palabras de un sabio que ya había previsto esa situación. Optando por evitar los corazones rotos entre los hermanos, declaró:

–Esta criatura excepcional será esposa de los cinco.

El rey de Panchala, padre de Draupadi, convocó a los Pandavas para discutir los arreglos de la boda. Invitó al palacio a los cinco hermanos, a la madre y a la prometida, para honrarles y festejarles. Los llevaron por las zonas del palacio en donde se exhibían frutas, recuerdos, objetos de arte únicos, esculturas, pinturas, tallas, cuero con incrustaciones de oro, mobiliario de diseño especial, aperos agrícolas, carrozas y caballos. Al pasar por el salón en donde se exhibían espadas, armas, escudos y demás equipo bélico, los cinco hermanos tomaron los artículos, admirándolos y comentándolos entre ellos, y pasándose más tiempo en esa parte del palacio que en cualquier otra.

Al observar eso, el rey sospechó que podrían ser guerreros, aunque estuvieran disfrazados como brahmanes. De vuelta en las habitaciones, cómodamente instalados, el rey dijo a quemarropa a Yudhistira:

–Sé que siempre hablarás diciendo la verdad. Dime quiénes sois.

Y Yudhistira declaró su identidad y la de sus hermanos, y explicó las tribulaciones que habían pasado desde que dejaron su reino un año atrás.

Luego dijo el rey:

–Alegrémonos hoy de que tu hermano, Arjuna, el hombre de brazo poderoso, se casará con mi hija, y celebremos la unión de nuestras familias como es debido. Hagamos que todo el mundo se alegre hoy.

Yudhistira respondió:

–Soy el mayor, y aún no me he casado. Según nuestra ley debo ser el primero en contraer nupcias. Por favor, dame tu bendición para casarme el primero.

–Así sea –dijo el rey, sin imaginar las implicaciones que iba a trerle aquello–. Tú eres el mayor, y mi hija pertenece ahora a tu familia. Si decides casarte con ella tú mismo, estás en libertad de hacerlo, o puedes darla a quien quieras entre tus hermanos. No tengo nada más que decir.

–Ahora –dijo Yudhistira sencilla y apaciblemente– Draupadi deberá casarse con todos.

Explicó cómo había sucedido y concluyó:

–Siempre lo hemos compartido todo y nunca nos desviaremos de esta práctica.

El rey quedó aturdido al oírlo. Cuando se recuperó, exclamó:

–Un hombre puede tener varias esposas, pero que una mujer tenga varios maridos no se aprueba en ningún lugar, ni en la práctica ni en las escrituras. Es algo que nunca podrá recibir aprobación de ninguna parte. A un hombre puro como tú, uno educado y equipado de conocimiento, ¿qué poder maléfico te hace hablar así?

Yudhistira trató de calmarle:

–El camino correcto es sutil y complicado. Sé que no me estoy desviando de él. ¡Oh, conquistador de mundos, no tengas recelo alguno, concédenos tu permiso!

El rey dijo:

–Tú y tu venerable madre y mi hija… por favor habladlo entre vosotros y decidme qué debe hacerse.

En aquel momento llegó el sabio Vyasa. Cuando quedaron atrás las formalidades del saludo, el rey preguntó:

–Guíanos. ¿Puede una mujer contraer matrimonio con cinco hombres?

–No siempre –contestó Vyasa–, pero en este caso particular es correcto. Ahora escuchen… –se levantó y caminó hasta la cámara del rey. Los otros le siguieron a cierta distancia y esperaron fuera.

Las vidas de Draupadi

–Tu hija –dijo Vyasa–, se llamó Nalayani en su vida pasada. Era una de las cinco mujeres ideales de nuestra tierra. Estaba casada con un sabio llamado Moudglaya, un hombre leproso, repulsivo en apariencia y hábitos, y malhumorado. Sin embargo, a ella le era completamente indiferente su estado físico y mostraba hacia él la absoluta devoción de una esposa. Obedecía sus caprichosos mandatos, aceptaba sus cambios de humor, se sometía a todas sus tiránicas órdenes y comía de su plato los restos que él dejaba. Todo esto lo hacía sin vacilación ni protesta mental alguna, anulando por completo sus propias necesidades. Pasaron así muchos años, y un día su esposo dijo:

»–¡Oh belleza, esposa perfecta!, has pasado la más severa prueba y has salido bien librada. Debes saber que no soy ni viejo ni desconsiderado ni estoy enfermo. Asumí esta desagradable y cruel apariencia para ponerte a prueba. Eres, en efecto, la pareja más paciente que un hombre pudiera desear. Pídeme cualquier cosa que desees y te la concederé.

»Nalayani dijo:

»–Quiero que me ames como cinco hombres, asumiendo cinco formas distintas, pero siempre que siempre vuelvan a juntarse en una sola.» Y él le concedió el deseo. En un instante se deshizo de su apariencia desagradable y apareció frente a ella como un hombre atractivo y viril, y podía tomar cuatro formas más. El resto de su vida fue toda una aventura maravillosa: viajaron a lo largo y ancho del mundo, visitaron los parajes más bellos y románticos de la tierra y llevaron una vida de unión perfecta, no sólo en uno, sino en varios mundos. Vivían y se amaban sin fin.

»Ella nunca se cansó, pero él sí. Le dijo un día que su vida de placer había llegado a su fin y que se retiraría a la soledad y la introspección. Ella le suplicaba:«Aún no estoy saciada. He tenido una vida maravillosa contigo. Quiero que la continúes por siempre».

»Moudglaya rechazó su súplica, se la quitó de encima por ser un lastre en su progreso espiritual y partió. Ella bajó a la tierra desde el elíseo de ensueño en donde había vivido y se preparó para rezarle a Ishawara, el poderoso. Meditó con gran rigor y, cuando Ishawara se le apareció, ella masculló:

—Quiero a mi marido, mi marido, mi marido…

—Pronto acabarás con tu identidad presente y renacerás como una bella princesa que se casará con cinco esposos —dijo el dios.

—¡Cinco esposos! ¡Dios! ¿Por qué cinco? Sólo quiero uno.

—No lo puedo evitar. Te oí decir "mi marido" cinco veces, —dijo Ishiwara. Y ésta fue su última palabra, ya que la palabra de un dios es irrevocable.

»Aunque parecía que el dios había hablado en broma, tenía su propósito. En la visión de un dios no hay chanzas, y todo sucede según un esquema. Nalayani renació como hija de Drupada sin ser concebida en un vientre, sino en el fuego de sacrificio. Se deben reestablecer en este mundo la justicia y la bondad. Los Kauravas son el mal encarnado; poderosos, listos y con éxito. Por el bien de la humanidad deben ser eliminados, y Draupadi desempeñará en ello un papel importante.

Draupadi se casó con los hermanos. En la ceremonia, el primero en tomar su mano fue Yudhistira, el mayor; después de él el poderoso Bhima; a continuación el que había ganado a la novia, Arjuna; finalmente los gemelos, Nakula y Sahadeva, uno tras otro. La princesa viviría con cada hermano durante un año entero, y después pasaría al siguiente. Los hermanos juraron que, cuando viviera con uno de ellos, los demás erradicarían por completo su imagen de sus mentes. Se requería un tipo especial de disciplina y distanciamiento para poner en práctica este código. Cualquiera que lo violara, hasta en pensamiento, habría de exiliarse de la familia y buscar su expiación haciendo una peregrinación a los ríos sagrados.

5. EL OBSEQUIO DEL TÍO

En Hastinapura había mucha inquietud, pues era claro que los Pandavas aún vivían. «¿Quién, entonces, murió en el incendio?» especulaban los cortesanos.

–Nuestro hombre, el tonto –dijo Duryodhana–, y una mujer con cinco hijos, que había ido al festín y se quedó dormida. ¡Bebió demasiado vino, supongo! Me han dicho que la habían visto antes, en la fiesta... El dios del fuego se llevó a una mujer y a sus cinco hijos, ¡pero no a los cinco en los que estábamos pensando! –Él y sus hermanos se rieron de la horrenda broma.

Se había oído a Dhritarashtra comentar sobre el *swayam-wara*:

–¡Ay, qué gloriosa elección para nuestra familia! La hija de Drupada es una criatura extraordinaria. ¡Mucho he oído de ella! ¡Que florezcan y sean felices!

Cuando estuvieron a solas, Duryodhana le riñó por su entusiasmo:

–¿Cómo puedes felicitar a nuestro gran enemigo Yudhistira? ¿Acaso no sientes interés alguno por tus hijos? ¿No te preocupa tu propia familia? –Miraba con furia a su padre, quien, a pesar de su ceguera, podía sentir el enojo detrás de las palabras de su hijo.

Se explicó con una risa fingida:

–No lo dije en serio. Hablaba con Vidura, como ya sabes, y no quería revelarle mi verdadero sentir sobre el asunto. Hay que ser cuidadosos con él. Me habría hecho muy feliz que tú ganaras a la novia; eso pensé que había sucedido, y me sentía contento. Pero después Vidura me explicó lo que había sucedido, y uno tiene que ser cuidadoso cuando se refiere a esos muchachos en su presencia.

–Ahora tenemos que entrar en acción –continuó Dhritarashtra–. Drupada se convierte en suegro y aliado de los Pandavas. Su hijo Dhrishtadyumna es igual a cualquiera de nosotros. Drupada no ha olvidado ni perdonado el que su reino haya sido reducido a la mitad, ni que le haya humillado nuestro *guru*, Drona. Cada día es más poderoso y no descansará hasta haber recobrado su territorio entero. Nuestro *guru* se equivocó en dejarlo vivo. Drupada nunca olvidará que nosotros le atacamos.

–¡También los Pandavas le atacaron! –dijo Duryodhana.

–Pero las circunstancias han cambiado, y ahora están emparentados, y aliados, y tienen en nosotros un enemigo común. Recuerda mis palabras, no nos perdonarán.

Duryodhana jugaba con la idea de sobornar a Drupada para que aislara a los Pandavas, o los envenenara... y Dhritarashtra, que era un padre cariñoso, lo escuchaba sin contradecirle, aunque dudaba de la sabiduría de Duryodhana en tales materias. El dilema de Dhritarashtra consistía en que amaba a sus hijos, pero no podía odiar lo suficiente a los hijos de su hermano. Sabía que estaba siendo cómplice de intrigas y decisiones malvadas, pero no podía ejercer su juicio cuando se trataba de sus propios hijos. No tenía ideas propias, y estaba en perpetuo conflicto con sus instintos mejores. Daba su atención a quien fuera que le hablara. Ello se volvió notorio cuando Drona, Vidura y

Bhishma se reunieron en torno a él para hablar sobre los Pandavas.

Bhishma dijo:

–Los dioses les han ayudado. Al menos ahora puedes rectificar tu error. Mándales tu bendición y regalos, da la bienvenida a la nuera de la casa y bendícela. Déjalos salir de su exilio y volver. Devuélvele a Yudhistira lo que le pertenece por derecho. En lo que a mí concierne, todos son mis sobrinos nietos; yo sabía que tú apoyabas el plan de tu hijo para quitarlos del camino. Pero te habrás dado cuenta, espero, que no es tan fácil deshacerse de seres humanos. El Todopoderoso lo ve todo…

Vidura habló con palabras similares.

Drona fue aún más enfático:

–Sé lo que es capaz de hacer Arjuna. Conozco a Drupada y sé que está creciendo su poderío. Su hijo no es un guerrero común. Lo he visto. Lo conozco. Están construyendo un ejército invencible. Muchos otros se les unirán pronto. Krishna, de Dwaraka, fue visto con ellos. Traerá a los Yadavas y a varios otros a su lado. Krishna mismo será pronto su principal apoyo; ya lo verás. Recuerda que Krishna no es un mortal cualquiera… No dejes que tu error pasado continúe y te conduzca por el camino de la aniquilación.

Sus palabras directas no fueron del agrado de los Kauravas. Más tarde Karna dijo:

–No hagas caso a Drona, aunque sea nuestro maestro. Le preocupa el arte de la guerra y nada más. Bhishma y Vidura, ya lo sabes, son los agentes de los Pandavas entre nosotros. La conducta más sabia sería llevar a un ejército y destruir a Drupada, y con él a los Pandavas. No nos queda otro camino. Está escrito en todos los *shastras* que sólo la fuerza y la acción rápida pueden eliminar una amenaza. Hay que actuar antes de que Drupada sea más fuerte aún.

Dhritarashtra estaba confundido con los consejos contradictorios. Después de mucho vacilar, llamó a Vidura y dijo
finalmente:

–Ve a Panchala y lleva mis saludos a Drupada. Invita a
Yudhistira y a sus hermanos a volver a casa con su esposa, y
decidiremos el asunto de su futuro para que los primos puedan vivir en paz unos con otros.

Vidura fue a Panchala llevando regalos para el rey y su
familia. Fue recibido cordialmente y acomodado en el
asiento de honor. Transmitió formalmente los saludos de
Dhritarashtra y sus hijos e invitó a los Pandavas a regresar a
Hastinapura. Yudhistira, mientras escuchaba, miraba a sus
hermanos, pero ellos esperaron a que él decidiera. Su mente
estaba llena de recelos. ¿Cómo podrían confiar otra vez en
su tío en Hastinapura, cuya debilidad por sus hijos era noto-
ria? Quizá Vidura, en su inocencia, estuviera siendo utiliza-
do para atraerlos hacia una trampa mortal. Sólo dijo:

–Ahora estamos viviendo bajo la hospitalidad de nuestro
suegro. No podemos irnos si él no lo aprueba. Haremos lo
que él decida.

Con eso, Drupada dijo:

–¿Cómo podría deciros que os fuérais? No sois sólo
nuestros huéspedes sino mis yernos. Consideramos un privilegio teneros entre nosotros. Pero, a la vez, también vuestro tío tiene derechos sobre vosotros.

Vidura agregó:

–Mi hermano Dhritarashtra habría venido en persona a
invitaros, de no ser por su problema físico. Él, sin embargo,
cuenta con vuestra buena voluntad para poder recibir y ben-
decir a la novia y a los novios.

Yudhistira buscaba alguna orientación a su alrededor.
Sólo un dios, que puede ver al mismo tiempo el pasado,

el presente y el futuro, podría guiarle en aquel momento crucial.

Por casualidad, Krishna estaba de visita en la corte. Sabía que el destino de los Pandavas estaría pronto en sus manos. Cuando le pidieron que les aconsejara, dijo:

–Creo que debéis ir a Hastinapura, y yo iré con vosotros.

A su llegada a Hastinapura, Dhritarashtra recibió a sus sobrinos con grandes señales de afecto. Varios días después le dijo a Yudhistira:

–Voy a dividir este reino, y tu mitad se llamará Khandavaprastha. Me gustaría que te instalases ahí con tus hermanos, tu esposa, y tu madre. Tus primos gobernarán aquí, y cada pueblo vivirá feliz en su propio territorio.

Los Pandavas salieron, guiados por Krishna, hacia Khandavaprastha, que no resultó ser más que un desierto, pero se sentían contentos de haber encontrado un territorio propio. Midieron el terreno y, después de las ceremonias de purificación, comenzaron a construir murallas fortificadas, fosos y campamentos. Con la ayuda de Krishna, y con los servicios de los arquitectos que había traído de Dwaraka –ya que no podían confiar en ningún constructor de Hastinapura–, al poco tiempo había surgido una ciudad resplandeciente. Tenía un palacio con todos los lujos, mansiones, calles anchas y avenidas sombreadas por árboles, fuentes y plazas, y tiendas llenas de mercancías exóticas. Muchos ciudadanos y comerciantes de Hastinapura llegaron a residir allí, atraídos por la belleza y conveniencia del lugar. Se cambió el nombre de la ciudad a Indraprastha, ya que era tan esplendorosa como la Ciudad de Dios.

Cuando ya estaban asentados, el sabio Narada[1] visitó a

---

1. El sabio Narada se movía con facilidad en los variados mundos de dioses y hombres, interesándose en todos sus asuntos, involucrándose él mismo y dis-

Yudhistira. Quería ver en persona cómo los Pandavas se estaban adaptando a Indraprastha. Habló largamente con Yudhistira sobre los deberes de un rey, y después discurrió sobre los problemas que podrían surgir entre hermanos que poseen en común a una mujer. Aconsejó que cuando estuviera en posesión de uno, los otros no sólo deberían evitar todo pensamiento de ella, sino ser cuidadosos en no entrometerse en la intimidad de la pareja. Se decretó la pena por un desliz así: el exilio durante doce años. Para ilustrar sus advertencias, Narada contó la historia de Sunda y Upasunda, dos hermanos invencibles, demonios que dominaban el mundo y estaban muy unidos hasta que raptaron a Tilottama, una belleza celestial. Acabaron peleándose y destruyéndose mutuamente.

A pesar de las restricciones establecidas por Narada, un día Arjuna tuvo que entrometerse cuando Yudhistira estaba en compañía de Draupadi para pedir su consejo sobre un asunto urgente de estado. Exiliado durante doce años, se pasó su tiempo bañándose en ríos sagrados. Durante sus errabundeos, Arjuna desposó a Ulupi, una princesa del mundo de las serpientes, y luego a Subadhra, hermana de Krishna.

---

frutando su con ello. Con frecuencia llevaba información y secretos de un lugar a otro, provocando retos, controversias y conflictos. Aunque disfrutaba con las agitaciones y los problemas, al final, por ser un adivino, acababa por resolverlos de la mejor forma. La mayor parte de los episodios en las leyendas como Harischandra y Viswamitra surgen de complicaciones creadas por Narada.

6. CIUDAD DE ESPLENDOR

Para conmemorar su feliz rehabilitación, Yudhistira llevó a cabo un gran sacrificio *rajasuya*. Miles de personas fueron invitadas a presenciarlo en Indraprastha, siendo Krishna el más distinguido entre ellos. Los huéspedes se sentían sobrecogidos por aquella hospitalidad y por la grandeza de la nueva capital Pandava, con sus mansiones, parques y calles anchas. Algunos admiraban la prosperidad de los Pandavas, y otros la envidiaban. Entre aquéllos en quienes anidaba la envidia estaban Duryodhana y su tío, Sakuni, invitados especiales a quienes se les dio un palacio y se atendió con extremo cuidado.

Después de las ceremonias de sacrificio, los visitantes partieron, cargados de regalos y honores. Duryodhana se sentía tan cómodo que prolongó su estancia en Indraprastha tanto como pudo. Finalmente, un día se despidió de los Pandavas y partió con su tío Sakuni hacia Hastinapura. Mientras volvían en su carroza, Duryodhana dijo suspirando:

–¡Mira lo bien que viven los Pandavas! ¡Y cuánto han logrado crear, del desierto al que habían sido condenados!

–Cuentan con el beneplácito de los dioses –dijo Sakuni–, y también han trabajado mucho para lograr su prosperidad.

Duryodhana permaneció callado, y luego dijo:

–¿Notaste lo bien que cada uno de esos miles de personas habla de ellos, y qué extraordinarios regalos intercambiaban?

–Sí, sí, uno no podía evitar tomar nota de eso –respondió Sakuni.

–Estamos condenados –dijo Duryodhana–, mientras que ellos se hacen de tantos amigos y aliados...

–Eso no tiene que preocuparte. Después de todo, sólo están desarrollando su porción de tierra.

–No lo entiendes –insistió Duryodhana–. Estoy atormentado, y a menos que ellos sufran algún tipo de humillación, no estaré en paz. Mi alma arde al pensar en esos viles primos, sentados pavoneándose.

Sakuni se rió y dijo:

–¿Por qué no les dejas en paz? No hay porqué retarlos en una batalla. Además de sus aliados, Arjuna está ahora armado con su nuevo arco, Gandiva, y con el don de una aljaba cuyas flechas jamás se agotan.

–Sí, me enteré de esa desvergüenza ¡Y de cómo lo obtuvo!

–No tiene nada de desvergonzado; fue un regalo de Agni. Los dioses le favorecen.

–¿Cómo? Aclárame esto.

–Para agradar a Agni, incendió el bosque de Khandava con su *astra*. Él y su aliado Krishna, que dice ser una encarnación, juntaron a todas las indefensas bestias y pájaros, y obstruyeron las salidas. Los pájaros que aún no salían de sus nidos y los adultos, los cachorros y sus padres, todos asados y cocinados porque el dios del fuego necesitaba consumir grasa animal para su bienestar. ¡Arjuna estaba ansioso por proveerla, y fue recompensado con Gandiva! Digas lo que digas, Gandiva ha vuelto invencible a Arjuna. Es un hecho inevitable. No podemos pelear contra ellos. Intentaste acabar con sus vidas, y todos tus planes fracasaron. Ahora son fuertes y prósperos, te digo que los dejes en paz. No te les acerques; ellos viven en su territorio y tú en el tuyo. No veo por qué debas estar pensando en ellos.

—No lo entiendes, no te das cuenta de la agonía que sufro. ¿Sabes cómo exhiben su talento y su prosperidad y se ríen de mí? ¡Se ríen! Se ponen en fila y se ríen de mí. Y permiten que sus sirvientes se rían de mí.

—Siempre nos trataron como huéspedes de honor. No me puedo imaginar que hayan estado riéndose de ti.

—Te lo digo, lo hicieron abiertamente en mi cara.

—¿Cómo? ¿Cuándo fue?

—En su nuevo salón de asambleas.

—¡Qué grande y maravilloso edificio, sin igual en ningún lugar! —dijo Sakuni—. Tambien ha sido un regalo, del arquitecto divino Maya, a quien salvaron del incendio del bosque Khandava.

—¡Todo parece haberles llegado de ese incendio! —dijo Duryodhana—. *Nosotros* debimos haber tenido un salón de asambleas como ése, no ellos. Ellos no merecen una estructura tan grandiosa; después de todo, Hastinapura es más antigua que Indraprastha. ¡Qué inteligentemente construida, qué acabados! —Estaba perdido en su visión del gran edificio. Pronto recuperó su indignación y dijo—: Había lo que parecía un espejo de agua con capullos de loto sobre él, colocado a medio corredor. Al entrar en él, levanté mi túnica (era sólo el piso de mármol pulido, y se rieron de mí por este pequeño error). A unos cuantos pasos había otro sitio que se veía igual, y caí en él y me empapé la ropa. Tuve que cambiarme, y parecían haber estado esperándolo. Todos se rieron e hicieron bromas, ¡especialmente ese toro salvaje, Bhima!

—Vamos, olvídalo, tú sabes que en realidad eso no lo planearon para molestarte.

—Y había una puerta abierta que traté de atravesar, que en

realidad era sólo una pared. Y al llegar a otra puerta dudé, tomándola por una mera pared. Vi una hermosa rosa que no pude arrancar porque era sólo una pintura. Me estaban espiando constantemente; se quedaban por allí y se reían a carcajadas de mis apuros, incluyendo a Draupadi, esa mujer horrenda. Algún día me tocará a mí burlarme de ella, tenlo por cierto.

Después de mucha plática de ese tipo, Sakuni dijo:

–Olvídate de la idea de hacerles frente en una guerra. Debemos encontrar otra forma de humillarlos –Lo pensó y dijo–: Rétalos a un juego de dados. Yo te ayudaré; acabaremos con ellos de esa forma. Conozco a Yudhistira. Nunca puede rehusar una invitación al juego, aunque es un jugador de poca monta, ¡el peor jugador que uno pueda imaginarse!

La idea gustó a Duryodhana, quien dijo:

–Debes ayudarme. Habla primero con el rey y convéncele de que invite a Yudhistira. Yo no puedo hablar del asunto con el viejo.

En Indraprastha, Yudhistira recibió una visita del sabio Vyasa. El propósito aparente de Vyasa era darle su bendición después del *rajasuya*, pero antes de partir pronunció una profecía que dejó intranquilo a Yudhistira:

–Leo las señales y los portentos. Los próximos trece años resultarán difíciles para vosotros. Las acciones y reacciones serán difíciles de detener, y tendrán graves consecuencias. Al final de los trece años, el clan entero de los *kshatriyas* será eliminado, y tú serás el vehículo de tal destrucción.

Después de la partida de Vyasa, Yudhistira permaneció preocupado y reflexionó: «¿Cómo podemos evitar lo que está destinado a suceder? Hago este juramento: durante trece años no dirigiré palabra dura a persona alguna, sin importar lo que pase, trátese de un rey, un hermano o un hombre común; no proferiré ninguna palabra que pueda crear diferencias entre personas. Las palabras duras y las discusiones están en la raíz de todos los conflictos del mundo. Los evitaré; tal vez así pueda embotar el filo del destino».

Al llegar a Hastinapura, sin desperdiciar un momento, Sakuni habló con el rey Dhritarashtra. Le informó detalladamente sobre el *rajasuya*, y sobre los huéspedes de honor y la grandeza de la ocasión. Concluyó diciendo:

–Tu hijo Duryodhana fue recibido y tratado muy bien, pero sospecho que no está contento. Perdió su color, lo está cubriendo una cierta palidez y no le apetece comida. Algo está rumiando, en su mente hay algún disturbio profundo. Debemos averiguar la causa.

Dhritarashtra estaba afligido. Al punto llamó a su hijo Duryodhana y lo interrogó:

–Me dicen que has palidecido y que alguna preocupación te roe las entrañas. Dime de qué se trata. Te pondremos feliz otra vez.

Duryodhana describió detalladamente el esplendor y la riqueza de todo lo que había visto en el país de los Pandavas, y concluyó:

–Son nuestros enemigos: debes entender eso antes que cualquier otra cosa.

–No, no –dijo el viejo–. No puedo hacer esa distinción entre vosotros y los Pandavas.

–Quizá, pero yo soy de otro parecer. Son nuestros enemigos. Leí en una de las escrituras que quien no se siente enfurecido por el éxito y la prosperidad de sus enemigos es como una efigie de lodo sin sentimiento alguno. La envidia es una emoción normal y legítima. Es nuestro deber igualarlos en lujos y sobrepasarlos, y después empobrecerlos cuando llegue el momento.

Aunque Dhritarashtra discutió las opiniones de su hijo, acabó cediendo y accedió a hacer lo que éste deseara. Cuando supo del salón de los mármoles en Indraprastha, decidió construirle uno a Duryodhana inmediatamente. Convocó a su ministro y le ordenó:

—Que un millón de hombres trabajen en ello, pero debo tener listo este salón de reuniones lo más pronto posible; debe surgir como por el hechizo de un mago. Que el salón sea tan ancho y largo como el lago de Manasarovar, del cual me han hablado, para que un hombre, puesto en pie en un lado, no pueda ser visto desde el otro. Que haya mil columnas sosteniendo el techo. Que el techo esté incrustado con incontables gemas y que centellee como una noche estrellada. El príncipe me ha descrito vívidamente lo que vio en Indraprastha. Debe haber oro y las nueve clases de piedras preciosas incrustadas en cada pared y cada columna; ni una pulgada de espacio debe quedar vacía. Que no haya demora. Colocad un estanque con lotos para que la gente quiera caminar sobre él. Que el mármol de los pisos brille tanto que la gente se levante la túnica al pisarlo. Que un millón de hombres se encargue de realizar todo esto.

Cuando el salón estuvo listo despachó a Vidura a Indraprastha para invitar a los Pandavas, tal como lo deseaba Duryodhana.

Yudhistira se sintió contento y asombrado cuando Vidura llegó a Indraprastha. Después de las cortesías iniciales, Vidura explicó:

—El rey Dhritarashtra les invita a su nuevo recinto, al cual ha llamado el Palacio de Cristal. Está invitando a todos los príncipes que conoce. Quiere que vengas sin demora, y que traigas a tus hermanos, a tu madre y a Panchali. Dice que debéis venir a quedaros y disfrutar, y también a divertiros con una partida de dados en ese distinguido salón.

Después de dar el mensaje de forma oficial, Vidura expresó sus impresiones y juicios personales. Explicó las circunstancias bajo las cuales fue construido el lugar.:

–Nada que yo diga tiene efecto alguno sobre él. Se deja llevar por las opiniones e intereses de su hijo, haciendo caso omiso de todo lo demás. Si decides no responder a esta invitación, puedo volver y decirlo. Después de todo, yo soy sólo el mensajero.

Yudhistira ponderó la invitación, recordando la advertencia de Vyasa: «¿Puede todo estar determinado de antemano?». Se sentía incómodo y dijo:

–Las apuestas son inmorales; conducen al conflicto y a la amargura. ¿Por qué habríamos de inmiscuirnos en un juego tan perverso? Sabemos bien a dónde nos conducirá.

Vidura permaneció callado. Sólo repetía:

–Oh, rey, haz lo que te parezca mejor en estas circunstancias.

Yudhistira dijo:

–¿Cómo puedo rehusar cuando Dhritarashtra nos lo manda? Va en contra del código de los *kshatriyas* rehusar cuando se nos invita a jugar. Iré.

Al llegar a Hastinapura, los Pandavas saludaron a cada uno de sus parientes, empezando por el rey Dhritarashtra. Más tarde les mostraron sus habitaciones, en donde se les sirvió comida y bebida, y también se les ofreció música para que conciliaran el sueño. Por la mañana les despertaron los poetas cantando y tocando sus instrumentos. Después de ejercitarse y romper el ayuno, habiendo rezado, habiéndose bañado, vestidos con ropa nueva, y ungidos con pasta de sándalo y perfumes, salieron al gran salón.

7. APUESTAS SIN PAR

Dhritarashtra sintió un entusiasmo fuera de lo normal por el próximo juego de apuestas entre su hijo y los Pandavas, y se sentía orgulloso del lugar que había mandado construir para este fin. El salón estaba repleto de visitantes, soberanos de reinos vecinos y varios otros invitados distinguidos. En el centro del salón estaban sentados Yudhistira y sus hermanos, de un lado; del otro, Duryodhana, Sakuni y quienes les apoyaban. Los asientos reales los ocupaban Dhritarashtra, siempre con Sanjaya a su lado, y Vidura, Karna, Bhishma y los cien hermanos. Cuando todos estaban instalados y listos para el juego, Yudhistira dijo a su adversario:

—Por favor, juega limpio y no trates de ganar con trampas. No es malo apostar, pero cuando se usa el engaño se convierte en un vicio.

Sakuni respondió:

—No hay tal cosa como el engaño en un juego. Quien sabe cómo manejar los dados y cómo lanzarlos tiene el don de un conocimiento especial y merece el éxito. Quien conoce sus dados les da vida, y éstos obedecen sus órdenes. ¿Cómo puedes llamar engaño a eso? No hay tal cosa. El verdadero mal está en la apuesta; quien apuesta irresponsable y ciegamente comete un pecado. En cada encuentro, ya sea de armas, de intelecto, o de conocimiento, el competente busca derrotar al incompetente, y no hay nada de malo en ello. Si tienes dudas, no juguemos. Estamos listos para retirarnos.

Yudhistira contestó:

–No me retiraré después de haber aceptado el reto. Comencemos. ¿Con quién de los que están aquí reunidos habré de jugar? Tengo riquezas, piedras preciosas, y oro; una fuente inagotable. Que comience quienquiera que pueda igualar mi apuesta.

Entonces Duryodhana dijo:

–También estoy apostando mi riqueza y mis joyas, y mi tío Sakuni jugará en mi lugar.

Yudhistira dijo:

–No es permisible jugar mediante un apoderado. Pero si insistes, que comience el juego; aquí está mi apuesta.

Tras empezar modestamente con un puñado de perlas, las apuestas fueron creciendo. Ciego a las consecuencias, Yudhistira cayó en el frenesí del apostador, nublada su visión a todo lo que no fuera el marfil de los dados y la cuadrícula del tablero. Olvidó quién era, dónde estaba, quién más estaba presente y qué era lo correcto y qué lo incorrecto. Sólo sabía del ruido de los dados, seguido cada tantos minutos del escandaloso canto de Sakuni, «Yo gano», y las ovaciones emitidas por los partidarios de Duryodhana. Cada vez que oía la voz de Sakuni, Yudhistira se sentía obligado a aumentar sus apuestas:

–Tengo cientos de mujeres de belleza celestial, dispuestas a servir y dar placer… tengo una carroza tirada por ocho caballos cuyo paso no puede igualar ningún mortal; tiene ruedas con incrustaciones de oro y campanas que pueden sonar por toda la tierra…

En cada envite esperaba que el adversario se rindiera,

pero éstos aceptaban hasta el mayor reto con calma, seguros de que Sakuni diría «Gano yo». Sucedió una y otra vez. Los mayores reunidos en el salón estaban horrorizados por la dirección que tomaban los acontecimientos. Yudhistira describía sin cesar la enorme riqueza que poseía en forma de elefantes, ejércitos, ganado y territorio, y apostaba cada uno de estos bienes esperando que no pudieran igualarlo. Pero en menos de dos minutos, suficiente intervalo para tirar los dados, Sakuni declaraba: «Yo gano, yo gano».

De pronto se oyó que Sakuni dijo a Yudhistira con cortesía fingida:

–Majestad, noto que has perdido mucho. Te daré tiempo de acordarte de aquello que aún poseas y de que me digas...

El amor propio de Yudhistira se agitó:

–¿Por qué pides una estimación de mis riquezas? Aún tengo suficiente, millones y miles de millones. No tienes que preocuparte por mis límites... Aquí está...

–Yo gano –declaró Sakuni.

–No importa, todavía tengo ganado, caballos, y borregos que llegan hasta las orillas del Sindhu. Los apostaré, continúa.

–Yo gano.

–Tengo mi ciudad, el reino, sus tierras y riquezas, y todas sus moradas...

–Yo gano.

–Ahora mi riqueza consiste en aliados, príncipes. Están cubiertos con oro y con ornamentos reales...

–Yo gano.

En poco tiempo, Yudhistira había perdido a todos los príncipes, soldados y sirvientes que dependían de él, y Sakuni preguntó con sorna:

–¿Te queda alguien más?

Entonces Vidura dijo a Dhritarashtra:

–Esto ha ido demasiado lejos. Detenlo, y si no te obedecen, deshazte de ese chacal que está entre nosotros, tu
hijo. De otra forma preveo la destrucción completa de
nuestra familia entera, tarde o temprano. Para servir a una
familia o clan es apropiado sacrificar a un individuo. Incluso al nacer, Duryodhana nunca lloró como un bebé,
sino que soltó un aullido como el de un chacal, cosa que
todos entendieron como de mal agüero. Te aconsejaron
que destruyeras al monstruo inmediatamente, pero tú lo
has dejado desarrollarse en tu familia. Te pones de su parte y aceptas lo que te pida, y has permitido este juego
monstruoso que está acabando con la familia Pandava.
Pero recuerda que para ellos este contratiempo es ilusorio;
lo que pierdan ahora lo recobrarán después multiplicado.
Detenlo antes de que sea demasiado tarde, y ordena a Dhananjaya[1] que mate a Duryodhana aquí y ahora, y salvarás a
la estirpe entera.

Se requería mucho valor para ofrecer abiertamente una
sugerencia como ésa, pero Vidura estaba seguro de su posición, y veía que Sakuni estaba practicando un engaño sutil.

–Quienes recogen la miel después de escalar a grandes
alturas nunca se dan cuenta de que están a punto de dar un
paso atrás hacia el precipicio –continuó Vidura–. ¡Oh rey!,
tienes riqueza suficiente, no necesitas ganar más apostando... Tener a los Pandavas de tu lado podría ser tu mayor riqueza. No necesitarías nada más. Deshazte en seguida de
Sakuni, déjale volver a su reino. No sigas esta competencia
con los Pandavas...

Duryodhana se molestó con este consejo y dijo:

–Vidura, siempre has defendido a nuestros enemigos y

---

1.   Otro nombre de Arjuna.

has detestado a los hijos de Dhritarashtra, a quien le debes tu comida y tu morada. Yo sólo sigo mi conciencia, que me dice que haga esto y aquello, y no veo en ello nada de malo. Tú sigue tu conciencia y yo seguiré la mía, aunque me lleve a la perdición. Si no estás de acuerdo con nosotros, vete cuando te plazca.

Vidura se volvió hacia el viejo rey.

–Está bien, me iré ahora –aseguró–. Eres inconstante y tienes preferencia por el chacal que hay en tu familia. Crees que tus hijos desean tu bien, y si quieres seguirlos hasta tu perdición, yo no puedo evitarlo. Cualquier consejo que te dé será como la medicina que rechaza un hombre enfermo, un hombre moribundo…

Pero después de decirlo, se quedó, incapaz de abandonar al viejo rey a su suerte. Dhritarashtra permaneció callado.

Yudhistira miró a su alrededor y, señalando a su hermano menor, Nakula, que estaba en pie detrás de él, dijo:

–Ése es el hermano que adoro; él es mi riqueza…

–Yo gano –declaró Sakuni, haciendo señas a Nakula para que caminara hasta su lado. Apenas hubo pausa antes de que Yudhistira apuntara a Sahadeva y dijera:

–Sahadeva es el joven más erudito y sabio, cuyo conocimiento de la justicia en todos los mundos…

–Yo gano –dijo Sakuni, y señaló para que Sahadeva cruzara hasta el lado del ganador. Sakuni miró a los dos hermanos restantes y agregó astutamente:

–Bhima y Arjuna son hijos de tu madre, mientras que aquéllos dos son sólo los hijos de tu madrastra Madri, y por eso los apuestas…

Ante tal insinuación el enojo de Yudhistira aumentó, y gritó:

–¡Cuán malvada es tu mente! Estás tratando de imputarme parcialidad, y de dividirnos…

Sakuni respondió con mucha humildad y con una reverencia:

–Discúlpame, ¡oh, rey!, tú sabes cómo un jugador que se deja llevar por su éxito tiende a decir lo primero que se le ocurre, palabras que no osaría decir ni en sueños. Disculpa mi frivolidad...

Yudhistira apuntó hacia Arjuna y declaró:

–He aquí uno, quizá el mayor de los héroes, que no debería ser apostado, pero lo haré. Veamos...

–Yo gano –dijo otra vez Sakuni, y agregó–: Y ahora, ¿queda alguien? –Acariciaba los dados con sus dedos mientras miraba a Bhima.

Yudhistira respondió a la provocación:

–Sí, ahora apostaré a Bhimasena, el que empuña el relámpago, sin rival en fuerza, que pulveriza a sus enemigos...

–Yo gano –dijo Sakuni y preguntó–: ¿Queda algo o alguien que no hayas perdido?

Con los dados listos, Yudhistira respondió:

–Sólo yo no he sido ganado aún. Me apuesto a mí mismo, y haré lo que debe hacer alguien que haya sido perdido.

Otra vez se oyeron las palabras: «Yo gano». Entonces Sakuni dijo:

–Sólo queda la princesa de Panchala; ¿no se sentirá sola cuando sus esposos hayan desaparecido tan súbitamente?

Yudhistira, habiendo perdido por completo su juicio, respondió:

–Sí, eso me parece razonable. Panchali es como la diosa Lakshmi, esposa del dios Vishnu en Vaikanuta –y entonces se lanzó en una larga descripción de ella–: Es la diosa Lakshmi misma en grandeza, gracia y complexión; ojos como pétalos de loto; una mujer que es la esposa ideal para guiar, servir y apoyar a un hombre en todo momento. O Suvala,[2] con ella nuestra suerte cambiará y ganaremos todo lo que hemos perdido hasta ahora. Es nuestro símbolo de suerte y prosperidad, y ahora la apostaré...

Cuando Yudhistira dijo esto, hubo un clamor de protesta entre los asistentes. Vidura bajó la cabeza, incapaz de soportar el espectáculo. Dussasana y Karna reían burlonamente. Dhritarashtra, dudando entre conducirse con justicia y favorecer a su hijo, no podía contenerse, y preguntaba ansiosamente:

–¿La han ganado, la han ganado?

Escuchó rodar los dados, y a Sakuni decir con alegría:

–Sí, Maharajá, gané...

Duryodhana brincó y abrazó a su tío lleno de felicidad y dijo:

–¡Tú eres... tú eres un maestro, un gran maestro. Nadie te iguala en los siete mundos! –Luego se volvió hacia Vidura y ordenó–: Ve, trae a esa querida esposa de los Pandavas. Que aprenda sus deberes como barrendera de las habitaciones de los nobles y cómo darles placer. Ve, tráela.

Vidura estaba enfurecido y contestó:

–¡No hables, chacal en forma humana! Estás provocando a los tigres. Cuando comience la destrucción, ésta será total, provocada por ti y tu indulgente e inconsciente padre. Aún no es demasiado tarde. No profieras palabras tan irresponsables y pecaminosas.

Duryodhana llamó a un sirviente:

–Este Vidura ha perdido el sentido y está delirando. No nos quiere, es el chacal entre nosotros. Ve tú y dile a Panchali que ya no es una princesa sino una esclava ganada por nosotros y que le ordenamos venir aquí, sin la menor demora...

2. Otro nombre de Sakuni.

El sirviente voló a las habitaciones de Draupadi y le transmitió el mensaje disculpándose. Al poco tiempo había vuelto.

–Me ha pedido que le lleve la respuesta a esta pregunta: «¿A quién apostó primero Yudhistira, a mí o a sí mismo? ¿De quién eras señor cuando me perdiste? –Dirigió la pregunta a Yudhistira, quien miraba el suelo, incapaz de mirar a la cara a nadie.

En aquel momento Duryodhana ordenó:

–Que venga primero, y que le haga la pregunta en persona a su antiguo señor; y quienes están reunidos escucharán las palabras que se dicen entre ellos.

El mensajero fue a por Draupadi y otra vez regresó sin ella. Duryodhana le pidió que fuera por tercera vez. Cuando el sirviente dudó, aquél se volvió hacia su hermano Dussasana y dijo:

–Quizá este tipo sea un cobarde, con miedo de este rufián, Bhimasena, pero no sabe que éste ya no puede hacer nada, por ser nuestro esclavo… Ve y tráela sin un momento de demora. No tiene derecho a hacer preguntas y perder el tiempo. Es un títere para que lo manejemos. Ve y tráela aquí.

Cuando apareció Dussasana, Draupadi dijo otra vez:

–Debo tener una respuesta a mi pregunta. ¿Yudhistira me perdió antes o después de apostarse a sí mismo?

–¿Qué importancia tiene eso para ti? –preguntó Dussasana. Respondió:

–Si se perdió él mismo primero, no tenía derecho a apostarme, así que…

–Déjate de argumentos. ¿Me vas a seguir a la reunión o no?

Al acercarse, ella se apartó diciendo:

–No puedo ver a nadie hoy… Estoy en mis días de mujer… Estoy envuelta en una sola prenda… vete…

Trató de escaparse corriendo hacia los apartamentos de las mujeres. Dussasana saltó sobre ella, la tomó del cabello y la arrastró hasta el salón de asambleas...

–Estoy atravesando mi período mensual... vestida con sólo una prenda...

–Tengas la regla o no, vestida con una prenda o con ninguna, no nos importa. Te hemos ganado con medios justos y ahora eres nuestra esclava...

Con sus trenzas y su *sari* desarreglados por el trato rudo de Dussasana, Draupadi daba lástima en el centro del salón frente a los invitados y los ancianos.

–Esto es monstruoso –gritó–. ¿Acaso la moralidad ha desaparecido? ¿Cómo, si no, pueden estar presenciando esta atrocidad? ¡He aquí a mis esposos –cinco, no uno como las demás–, y se ven paralizados! Y aunque esperaba que Bhima solo pudiera aplastar con su pulgar a los que han perpetrado este horrible acto, no entiendo por qué están parados ahí inmóviles, mudos y como idiotas...

Karna, Dussasana y Sakuni se reían de ella y bromeaban y la llamaban "esclava" repetidamente. Ella miró suplicante al mayor de la familia, Bhishma, y él dijo:

–¡Oh hija de Drupada!, la pregunta sobre la moralidad es difícil de responder. Yudhistira entró al juego de dados por voluntad propia, y por voluntad propia ofreció sus apuestas. Sakuni es un jugador hábil, pero Yudhistira continuó descuidadamente. No puedo decidir sobre el asunto que has suscitado. Mientras jugó y apostó por voluntad propia, mientras fue amo de sí mismo, nada podemos decir, pero habiéndose perdido, ¿qué autoridad tenía para apostar a su esposa? Por otro lado, un hombre tiene derecho absoluto de disponer de su esposa en la manera que le plazca, aun si se ha convertido en un mendigo y un esclavo... No puedo resolver este dilema...

Draupadi no se daba por vencida.

–¿Cómo puedes decir que entró voluntariamente en este juego malvado? Todos sabían que el rey no tenía ninguna habilidad, pero se le engañó para que se enfrentara a un jugador astuto como Sakuni. ¿Cómo puedes decir que jugó por voluntad propia o que las apuestas fueron voluntarias? Se sintió involucrado y obligado, y perdió la razón. Se comportó como alguien a quien se ha embrutecido y arrastrado. De nuevo pregunto a las poderosas mentes reunidas aquí: ¿alguien notó si al aumentar su apuesta la igualó su adversario? ¿Ofreció Duryodhana a su mujer o a sus hermanos? Esto ha sido todo unilateral. El jugador tramposo sabe que puede sacar ventaja de los dados, así que no tiene que igualar la apuesta. Yudhistira, en su magnanimidad, ni siquiera se dio cuenta de esa falta. Sabias mentes que estáis aquí reunidas, hombres de santidad, iguales a Brihaspathi en sabiduría, y vosotros lo ancianos y parientes de los Kauravas, reflexionad sobre mis palabras y juzguad, responded a los puntos que he ventilado aquí… –Al decir esto, se derrumbó y sollozó.

Bhima, que había guardado silencio hasta entonces, explotó:

–Yudhistira, ha habido muchos otros jugadores en el mundo, miles de ellos. Pero ni el peor de ellos pensó jamás en apostar a una mujer, en eso les has superado. Sin pensarlo apostaste a todas las mujeres que estaban en nuestro servicio, y también a tu esposa. No me importó que perdieras todas las riquezas y piedras preciosas que teníamos, ¿pero qué le has hecho a esta inocente criatura? Mirando su situación actual, hermano, tengo deseos de quemar esas manos tuyas… Sahadeva, trae fuego. Voy a quemar esas manos enfermas de juego. O dame permiso para aplastar a estos monstruos…

Arjuna calmó a Bhima:

–Cuando hablas así, cumples el objetivo de nuestros enemigos, quienes quisieran que nos deshiciéramos de nuestro
hermano mayor. Yudhistira respondió a la invitación a jugar
a los dados en contra de su voluntad.

Bhima respondió lúgubre:

–Sí, lo sé. Si no pensara que el rey se había comportado
según la usanza *kshatriya*, yo mismo habría tomado sus manos y las habría metido en el fuego.

Viendo la preocupación de los Pandavas y de Draupadi,
Vikarna, uno de los hijos más jóvenes de Dhritarashtra, dijo:

–Esta desafortunada persona hizo una pregunta que no
ha sido respondida. Bhishma, Drona, Dhritarashtra y hasta
Vidura miran en otra dirección y guardan silencio. ¿Nadie
dará una respuesta? –se detuvo, miró a su alrededor y repitió las preguntas de Draupadi, pero nadie habló. Finalmente
dijo:

–Sin importar si ustedes, los reyes de la tierra, contestan
o no, yo daré mi opinión. Se dice que el disfrute excesivo de
la bebida, el juego, la cacería y las mujeres derribarán hasta
a un rey, sin importar lo fuerte que sea ni lo bien protegido
que esté. La gente no debería conceder valor ni autoridad a
los actos cometidos por cualquiera que esté intoxicado por
vino, mujeres o dados. Este ser especial, Yudhistira, se in-
volucró en un juego malsano, se sumergió en él, lo apostó
todo –incluyendo a Draupadi– instigado por el astuto Sakuni. A esta mujer la poseen en común los otros cuatro hermanos, y el rey se había apostado a sí mismo antes de perderla
a ella. Reflexionando sobre estas cosas, declaro que Draupadi no ha sido ganada por nadie. –Resonó en el salón un
aplauso estruendoso y se oyeron insultos dirigidos a Sakuni.

En ese momento, Karna se puso de pie y pidió a todos
que guardaran silencio.

–Vikarna es un joven inmaduro –dijo–, que no tiene derecho a dirigirse a una augusta asamblea de mayores. No le corresponde a él, ¡tipo presuntuoso!, decirnos lo que está bien y lo que está mal. Yudhistira jugó y apostó con los ojos bien abiertos. No lo consideren un inocente ingenuo, sabía lo que estaba haciendo. Sabía, cuando apostó a Draupadi, que estaba ofreciendo a su esposa. Lo que haya sido ganado fue ganado con justicia. Quiten esa ropas principescas a los hermanos. Además, ¿qué mujer en cualquiera de los mundos tomaría a cinco maridos? ¿Cómo se le llama a una mujer como ella? No dudaré en llamarla ramera. No es pecado ni debe causar sorpresa el que la hayamos mandado traer aquí, sin importar su estado. Tú, Yudhistira y los demás, quitaos la ropa y haceos a un lado.

A esta orden, los Pandavas se quitaron sus casacas y túnicas y las dejaron caer sobre el suelo y quedaron cubiertos sólo con sus taparrabos. Duryodhana ordenó:

–Desnudadla también a ella.

Dussasana tomó el *sari* de Draupadi y comenzó a tirar de él. Ella gritó:

–¡Mis esposos, mis esposos guerreros, miran incapaces de hacer nada! ¡Oh, dios!, ¿no puedo esperar ayuda de ninguno de vosotros?

Mientras Dussasana continuaba tirando de su vestido, ella suplicaba:

–¡Oh, dios Krishna! ¡Hari, encarnación de Vishnu, ayúdame! –Entregada totalmente a la voluntad del dios, soltó su *sari* y levantó sus manos para cubrir su cara, cerrando los ojos en profunda meditación.

El dios respondió. Cuando Dussasana desenrollaba y quitaba un pedazo de la prenda, otro aparecía en su lugar, y otro, y otro, sin parar. Dussasana se retiró fatigado, mientras una enorme masa de tela desenrollada del cuerpo de Draupadi yacía apilada a un lado. Pero ella aún tenía puesto su *sari* original.

Los asistentes, conmovidos por el milagro, maldecían a Duryodhana. Bhima juró en voz alta:

–Si un día en plena batalla no le abro el pecho a este desgraciado y me bebo su sangre...

Cuando la novedad del milagro se desvaneció, los Kauravas comenzaron otra vez a burlarse y hacer rabiar a sus víctimas. Duryodhana dijo:

–Que los jóvenes hermanos Pandavas juren aquí y ahora que nunca más respetarán las órdenes de Yudhistira. Entonces liberaremos a Panchali.

Bhimasena gritó:

–¡Si Yudhistira lo ordena, te mataré con mis propias manos! ¡No necesito una espada para lidiar con ratas!

Duryodhana se descubrió la pierna e hizo una seña a Draupadi para que se sentara en ella. Esto enfureció a Bhimasena, quien juró entonces:

–¡Si un día no hago pedazos esa pierna...! –Los Kauravas reían.

Karna dijo a Draupadi:

–¡Oh, bella!, esos antiguos señores ya no tienen ningún derecho sobre ti; los esclavos no pueden tener derechos. Ahora ve a los aposentos interiores y comienza a servirnos según lo ordenemos...

Finalmente, Vidura dijo a Dhritarashtra:

–Basta ya de estas palabras malintencionadas, majestad. Aunque parecen estar aquí como miserables, tienen la protección de los dioses.

Dhritarashtra se sintió arrepentido, llamó a Draupadi, y dijo:

–Hija, aun en medio de esta aflicción no te has dado por vencida, aferrándote a tu virtud. Te ruego que me pidas el favor que quieras y yo te lo concederé.

Al punto Panchali dijo:

–Por favor, libera a Yudhistira de su esclavitud.

–Concedido –dijo Dhritarashtra, y como estaba de humor de conceder mercedes, agregó–: Pide otra cosa.

–Que sus hermanos sean liberados.

–Concedido –contestó el rey–. Ahora puedes pedir un tercer favor.

–No deseo nada más.

Dhritarashtra se volvió hacia su sobrino.

–Yudhistira –dijo–, puedes recobrar todo lo que has perdido: tu riqueza, tu posición, y tu reino. Ahora vuelve rápidamente a Indraprastha y gobierna en paz. No le tengas mala voluntad a tus primos. No olvides que todos forman una sola familia. Vete en paz.

Pronto los cinco hermanos y Draupadi se subieron a sus carrozas y tomaron el camino de vuelta a Indraprastha.

Después de su partida, Duryodhana, Sakuni y Karna sostuvieron una consulta entre ellos. Karna dijo:

–La intercesión de la mujer, criatura desvergonzada, salvó a los hermanos; no es seguro dejarlos en libertad así. Seremos atacados en cuanto tengan tiempo de sentarse y meditar sobre lo que ha sucedido.

Una vez más Duryodhana obtuvo la atención de su viejo padre.

–Lo has deshecho todo… todo –dijo–. Atrapamos cuidadosamente a la cobra y a su familia, pero antes de que pudiéramos sacarle los colmillos, quitaste la tapa de la canasta y la dejaste escapar. No creas que se irán; volverán para acabar con nosotros.

–¿Qué parábola es ésta? –preguntó el viejo rey, confundido.

Duryodhana explicó:

–Tus sobrinos, a quienes favoreces tanto, van de camino

a Indraprastha, su suntuosa capital. Mañana a esta hora llegarán. Un día después estarán emprendiendo el camino de vuelta con sus fuerzas, las de sus aliados y las de los subordinados que dependen de su favor, y llegarán aquí con velocidad redoblada y caerán sobre nosotros. No tendremos tiempo de arengar a nuestras fuerzas para protegernos de forma alguna. La mente de Yudhistira es demasiado compleja para que nosotros la entendamos. Habrá decidido recobrar su dignidad, y ya oíste lo que amenazó con hacernos ese montón de carne, Bhimasena...

Mientras continuaba, la perspectiva se hizo tan terrible que el viejo rey exclamó:

–¿Qué haremos ahora?

–Convócales otra vez para otro juego, y esta vez lidiaremos con ellos. Tráelos antes de que lleguen a Indraprastha. Una vez que hayan vuelto a su tierra, quizá no hagan caso a tu llamada. Que tu mensajero más veloz vuele hasta ellos. Esta vez recibirán un tratamiento satisfactorio...

–¿Cómo?

–Tú no tienes que molestarte por esos detalles. Déjanoslo. El tío Sakuni lo arreglará. Sólo utiliza tu autoridad para hacerlos volver lo antes posible.

El rey despachó inmediatamente a un mensajero para invitar a Yudhistira y a su grupo a Hastinapura. Al saber de su decisión, Gandhari, su esposa, se lamentó:

–Cuando Duryodhana nació, aulló abominablemente, como un chacal, y Vidura aconsejó: «Deshazte de este niño y déjalo morir; de otra forma cuando crezca nuestra dinastía entera será destruida». Ahora entiendo lo que quería decir. ¡Oh, rey!, ignora a ese hijo tuyo o expúlsalo y salva a nuestra raza. No te unas a sus planes maliciosos, no seas la causa de la destrucción de nuestra estirpe.

Dhritarashtra sólo dijo:

–Si nuestra estirpe está destinada a ser destruida, ¿cómo puedo yo, o cualquier otro, evitarlo? No puedo disgustar a mis hijos. Que los Pandavas vuelvan y continúen el juego.

El mensajero alcanzó a Yudhistira cuando ya había recorrido la mitad del camino a Indraprastha.

–El rey, tu tío –anunció–, quiere que te diga: «La gente está reunida otra vez, Yudhistira, hijo de Pandu, ven a lanzar de nuevo los dados».

Yudhistira lo pensó, y miró a sus hermanos y su esposa, que estaban sin decir palabra, incapaces de hacer ningún comentario. Él era siempre su dirigente y ellos no podían tomar decisiones. Yudhistira dijo:

–No podemos evitar la voluntad de Dios. Debo regresar y jugar. –Empujado por el ineludible instinto del jugador que desea tener una última oportunidad, hizo volver su carroza y condujo hasta Hastinapura.

Los espectadores y los apostadores se instalaron en sus lugares respectivos en el salón. Sakuni habló primero:

–El rey te ha devuelto todo lo que habías perdido. Está bien, no podemos cuestionar los actos de su majestad. Pero ahora habrá un tipo diferente de apuesta. Al final de este juego, el perdedor se irá al exilio, descalzo y vestido con pieles de venado. Habrá de vivir en los bosques durante doce años, y después un año en una ciudad sin ser reconocido. Si en ese año de incógnito alguien le reconoce, sufrirá otro exilio de otros doce años. Si nos ganas en este juego, nos iremos inmediatamente al exilio durante doce años, y si te vencemos, te marcharás desde el momento en que pierdas.

Yudhistira, como siempre, no necesitó mucho que le convincieran para decir que sí a la propuesta. Sakuni lanzó los dados y dijo:

–Yo gano.

Poco después, uno por uno, los Pandavas nuevamente se

quitaron sus resplandecientes ropas palaciegas. Se vistieron con pieles de venado y se prepararon para salir hacia los bosques. Otra vez los ganadores les molestaron. Dussasana dijo a Draupadi:

–Tu padre tenía prevista una vida de nobleza para ti, y ahora has acabado con estos vagabundos. ¿De qué te servirán vestidos con pieles y pidiendo limosna? Éste es el momento de escoger a un esposo adecuado entre los nobles que están reunidos aquí, alguien que no te venderá. Estos hermanos son ahora como mazorcas sin maíz...

Bhima estuvo a punto de saltarle encima y dijo:

–Pinchas nuestros corazones con esas palabras; yo te prometo que voy a pinchar el tuyo con flechas verdaderas un día en que te recordaré tus palabras...

Dussasana aplaudía y casi bailaba alrededor de sus víctimas, mofándose: «¡Oh, vacas, vacas!».[3] Mientras salían, Duryodhana, dejando de lado toda su dignidad, caminó detrás de Bhima, imitando su paso y sus gestos.

Bhima se volvió y dijo:

–No ganas nada con esta payasada; todos nos acordaremos de esto cuando te parta las piernas con mi maza y te pise la cabeza.

Arjuna, Nakula y Sahadeva también prometieron vengarse, cada uno de su propia manera. Luego todos se acercaron a Dhritarashtra y a los ancianos de la familia y se despidieron. Vidura sugirió:

–Kunthi, deja que tu madre permanezca en mi casa. Yo la cuidaré hasta que hayáis vuelto de vuestro exilio.

Cuando tuvo oportunidad de hablar en privado con Vidura, el rey Dhritarashtra preguntó:

---

3. Un término de desprecio dado el contexto.

–¿Cómo y en qué estado se fueron los Pandavas?

Como de costumbre, se sentía dividido entre el cariño por sus sobrinos y su incapacidad de desagradar a su hijo Duryodhana. El rey estaba lleno de culpa, ansiedad y una esperanza ciega en que todo acabaría bien, como después de un mal sueño, y que alguien le diría que los Pandavas de hecho no estaban sufriendo, sino que estaban felices e ilesos.

Pero si necesitaba alguien que calmara su conciencia, ciertamente no sería Vidura.

–Yudhistira cruzó la calle con su cabeza agachada y la cara tapada por un pedazo de tela –le repondió–. Bhima no miraba ni a diestra ni a siniestra, sólo apretaba la maza entre sus manos. Arjuna tampoco miraba a nadie, sino que iba lanzando puñados de arena. Yajnaseni[4] se cubrió la cara con su cabello desarreglado, y pasó adelante usando la ropa que tenía puesta. Nakula y Sahadeva se embadurnaron la cara con lodo para no ser reconocidos… Dhaumya, su sacerdote, caminaba sosteniendo una espiga de hierba *dharba* apuntada fijamente al oriente, y recitando en voz alta el *Sama Veda*…

–¿Qué significa todo eso?

–Yudhistira, por ser un hombre de bien, cubrió su cara porque sabía que su mirada quemaría a cualquier persona que atrapara su vista; desea salvar a tus hijos y a sus amigos de esta suerte. Bhima miraba su musculatura y la maza que tenía en la mano porque quiere mostrar que en el decimocuarto año les dará buen uso. Arjuna deseaba indicar que sus flechas se esparcirían como una nube de polvo llegado el momento. Dhaumya indicaba que habrá ocasión para recitar otra vez el *Sama Veda* y dirigir a los Pandavas en procesión a su victorioso regreso.

4. Draupadi.

97

–¡Ay, ay¡ –gemía Dhritarashtra–. ¿Hay alguna forma de deshacer este error? ¡Que vaya, alguien, a traerlos de vuelta! Decidles que quiero que lo olviden todo y regresen. Les pediré sinceramente que vuelvan. Que vivan en paz; que también mis hijos vivan en paz y prosperidad y que nada les falte.

8. VAGABUNDEOS

Los Pandavas marcharon en silencio escoltados por un grupo de seguidores devotos, hasta que llegaron a la orilla del río Ganges. Allí pasaron la noche debajo de un árbol frondoso. Para hacer más cortas las horas, unos cuantos seguidores de Yudhistira encendieron un fuego de sacrificio y cantaron melódicamente los *Vedas*.

Yudhsitira les suplicaba:

–Por favor, regresad. El bosque está demasiado lleno de peligros, reptiles y aves de rapiña. Nosotros mismos nos hemos hecho merecedores de esta suerte, ¿por qué habríais de compartirla vosotros? Mis hermanos están demasiado descorazonados como para recoger frutas o cazar animales y proveeros de alimento. Así que por favor volved a vuestras casas.

Algunos escucharon su consejo y partieron, pero otros rehusaron irse, asegurándole que se cuidarían solos sin ser ninguna carga. A Yudhistira le conmovió su afecto y no pudo dominar sus lágrimas. Su tristeza afectó a todos.

En aquel momento, Saunaka, uno de los sabios del grupo, le consoló con una enseñanza:

–Miles de penas y miedos aquejan al hombre de noche y de día, pero sólo afectan a los ignorantes. Los sabios como tú nunca deben sentirse sobrecogidos por los cambios de circunstancia que provocan la pobreza, la pérdida del hogar, del reino, o de los parientes y amigos.

Desarrolló una filosofía de aceptación y resignación, de llegar más allá de las apariencias hasta el corazón de la realidad, en donde uno pueda entender la naturaleza efímera de la riqueza, la juventud, la belleza y las posesiones.

Yudhistira explicó:

–No es por mí por lo que siento la pérdida de un hogar. La siento por mis hermanos y por Panchali, a quienes he involucrado en esta miseria. Lo siento por quienes me están siguiendo. Uno debería tener un techo para ofrecer descanso y sombra a quienes buscan hospitalidad, si no uno deja de ser humano.

Entendiendo su disgusto, Daumya, su sacerdote, dijo:

–Al principio las criaturas nacían con hambre. Para ayudar, el sol se inclinó la mitad del año hacia el norte y la otra mitad hacia el sur y absorbió los vapores. La luna convirtió los vapores en nubes y mandó la lluvia, y creó el mundo vegetal, que alimenta la vida y simultáneamente da lugar a los seis tipos de gusto. Es la energía del sol la que sostiene a la vida. Por ende, Yudhistira, debes buscar su gracia. Todos los reyes de la antigüedad han mantenido a sus súbditos rezándole al sol.

Yudhistira se purificó mediante abluciones, y concentró sus pensamientos en el dios del sol. Recitando sus alabanzas, pronunció cada uno de sus ciento ocho nombres, ayunando y metido en agua hasta las rodillas. En respuesta a sus rezos apareció el dios del sol, luminoso y ardiente, le ofreció una escudilla de cobre, y le dijo:

–Que Panchali use esta escudilla de hoy en adelante y os abastecerá con una cantidad inagotable de comida, cuanto queráis tener durante los siguientes doce años, y en el decimocuarto año, recobraréis vuestro reino.

Después de cruzar a la otra orilla del Ganges, siguieron adelante durante muchos días hasta llegar a un bosque conocido como Dwaitavana, en donde moraban muchos eremitas que vivían una vida contemplativa en medio de la naturaleza. En tan ilustrada compañía, los Pandavas pudieron olvidarse momentáneamente de sus tribulaciones. Con la escudilla de cobre en manos de Draupadi, Yudhistira pudo proveer de alimento ilimitado tanto a sus seguidores como a los eremitas.

Una tarde Vidura llegó a su retiro. El momento en que Yudhistira vio la carroza que se aproximaba, dijo a sus hermanos:

–¿Viene otra vez Vidura a invitarnos a jugar a los dados? Quizá Sakuni siente que debería apropiarse también de nuestras armas, las cuales no tocó la última vez.

Con gran aprensión dieron la bienvenida al visitante e inquirieron sobre su propósito. Éste les respondió:

–Nuestro rey me ha echado. –Y les explicó las circunstancias que condujeron a ello.

Después del exilio de los Pandavas, Dhritarashtra se llenó de pesadumbre y mandó llamar a Vidura para que le prescribiera una forma de conseguir paz mental. Había pasado muchas noches sin dormir pensando en los hijos de su hermano que ahora andaban el camino duro por los bosques. Quería un remedio para su conciencia, alguna declaración agradable de Vidura que le asegurara que los Pandavas estarían bien, que el destino había decretado su exilio y que Dhritarashtra no había sido directamente responsable de los acontecimientos. Pero Vidura fue cándido como jamás lo había sido y repitió que Duryodhana debería ser desterrado si es que había de salvarse la dinastía. Esto irritó al rey, quien dijo:

–Vidura, te gusta ser desagradable. Me odias a mí y odias a mis hijos. Eres parcial hacia los Pandavas y siempre deseas que se hagan cosas que les agraden a ellos.

–Como el enfermo que detesta la medicina que se le da –explicó Vidura–, así el rey detestó los consejos que le ofrecí. Tal y como la joven doncella rechazaría las insinuaciones de un hombre de setenta años, así rechazó Dhritarashtra mis consejos. Dijo:

–Vete para siempre. No necesitaré ni tu guía ni tus consejos para gobernar el mundo. Ve donde hagan caso a tus palabras, pero escoge cualquier lugar menos éste. Ahora márchate inmediatamente. –Y aquí estoy.

Los Pandavas se alegraron de la compañía de Vidura. Pero apenas habían llegado a este estado de placidez cuando otro mensajero llegó corriendo desde Hastinapura. Era Sanjaya. Lo recibieron con todas las cortesías, pero no quiso sentarse ni un momento.

–Tengo mucha prisa –explicó–. Nuestro rey le ordena a Vidura que regrese en seguida. Ayer el rey se desmayó en pleno salón de reuniones. Estaba triste desde que expulsó a Vidura, y se lamentaba: «Me he cortado una de mis propias extremidades. ¿Cómo viviré? ¿Me perdonará él? ¿Seguirá vivo?». Lo revivimos y después ordenó: «Buscad a Vidura donde sea que esté y, si está vivo, rogadle que vuelva. Decidle que me quemaría la lengua con un hierro ardiente por haber dicho lo que dije. Sanjaya, mi vida depende de ti, ve al instante y encuéntralo».

A Vidura no le quedó más remedio que volver a Hastinapura. Al verle, Dhritarashtra, que había estado echado en el suelo, se reincorporó y lloró de alegría. Pero aquella situación no convino a sus hijos.

Sakuni, Duryodhana y Karna consultaron entre sí:

–Nuestro rey es de mente voluble. Algún día mandará su

propia carroza para recoger a sus sobrinos y ofrecerles el trono, y ése será nuestro fin. Ahora ya sabemos dónde están. Vayamos con un grupo de hombres escogidos y destruyámoslos. No debemos permitir que alimenten su resentimiento y planeen su venganza durante trece años... –Y pronto se prepararon para ir y atacar a los Pandavas en su retiro silvestre.

En ese momento el sabio Vyasa, que sabía lo que tramaban, apareció y les aconsejó que se olvidaran de su aventura. Volviéndose a Dhritarashtra dijo:

–Escúchame; te diré qué te conviene. No permitas que continúe esta hostilidad. Los hijos de tu hermano son sólo cinco, los tuyos son cien... No tienen de qué sentir envidia. Ordena a tus hijos que salgan y hagan las paces con los Pandavas. De otra forma, según leo el futuro, después de trece años los Pandavas os eliminarán de la memoria humana. Haz caso a mi advertencia.

Asustado por esta profecía, Dhritarashtra dijo:

–Por favor, aconseja a mis hijos de mente malvada.

En aquel momento llegó de visita otro sabio llamado Maitreyi, y Vyasa dijo:

–Deja que este sabio hable con tus hijos.

Después de haberse sentado y de haber recibido todas las cortesías, Maitreyi dijo a Dhritarashtra:

–Estaba de peregrinaje por los lugares sagrados y pasé por Dwaitavana, en donde me topé con Yudhistira, sus hermanos y Panchali viviendo la vida de nómadas en el bosque. Me dolió verlos así y, aunque Yudhistira está resignado, me parece que se trata de un sufrimiento inmerecido. –Luego, volviéndose hacia Duryodhana, el *rishi* dijo con mucha calma–: ¡Oh, gran guerrero, escúchame! Ponle fin a este conflicto y estarás salvando a tu familia del aniquilamiento.

Duryodhana escuchó el consejo con una sonrisa cínica, y

respondió golpeándose la pierna con la mano y pateando el suelo bajo sus pies para mostrar su indiferencia, tras lo cual el sabio lo maldijo:

–Cuando llegue el momento cosecharás los frutos de tu insolencia y Bhima te arrancará esa pierna que ahora golpeas tan heroicamente.

Dhritarashtra estaba horrorizado y rogó:

–Por favor, retira tu maldición.

–Eso no lo puedo hacer, una vez que la he proferido. Sin embargo, si tu hijo hace la paz con los Pandavas, mi maldición no tendrá efecto. De otra forma, sucederá tal y como lo he decretado.

Habiéndose enterado de que Yudhistira había sido condenado a una vida en el bosque, varios reyes amistosos le visitaron para preguntar si podían ayudar de alguna forma. Yudhistira sólo decía:

–Esperad trece años. En el decimocuarto necesitaré toda vuestra ayuda.

También Krishna había llegado de Dwaraka, y habló con Yudhistira:

–Tuve que estar ausente cumpliendo con otra misión. De otra forma habría llegado a Hastinapura para detener el juego que os ha puesto en esta circunstancia. Habría convencido a los Kauravas de que desistieran de sus intenciones malvadas o los habría destruido allí mismo.

Draupadi se sintió conmovida por la muestra de simpatía de Krishna.

–Mis cinco esposos, poderosos guerreros de este mundo, se quedaron mirando incapaces de hacer nada mientras yo era arrastrada, insultada, desnudada… Dussasana me asió del cabello y, cuando levanté mis manos para protegerme la cabeza, me arrancó la única prenda que tenía envuelta al cuerpo. No hizo caso cuando le dije suplicante que ése no era un buen momento para tocarme… En ningún lugar del mundo ha sido una mujer tratada con tal vileza, y Karna y Dussasana y los demás se reían con sorna y hacían bromas y me pedían que escogiera a un marido nuevo, como si fuera una meretriz. –Comenzó a llorar al acordarse del incidente–. Cinco guerreros, eran cinco guerreros mis esposos que no pudieron levantar ni un dedo para ayudarme, excepto Bhima, a quien retuvieron. Sólo tú viniste a rescatarme… tú escuchaste mi llamada… tú eres mi salvador. La Gandiva de Arjuna o la maza o la espada de alguien más, ¿de qué sirvieron cuando fui arrastrada frente a una asamblea de monstruos?

Krishna la calmó:

–Te prometo que Duryodhana, sus hermanos, Karna y el genio diabólico detrás de todos ellos, Sakuni, todos serán castigados. Su sangre manchará la tierra. Verás a Yudhistira sentado en el trono.

Después de la partida de Krishna se desató una discusión entre Yudhistira y Draupadi. Ella había obedecido fielmente las órdenes de aquél, pero nunca había aceptado su filosofía, y le dijo:

–Verte así a ti, a quien he visto sobre una cama de seda y un trono de oro, a quien los gobernantes del mundo hacían reverencias, ahora en este estado, cubierto de lodo, vestido con pieles de venado, durmiendo sobre el suelo duro, ¡ay!, me estruja el corazón. Ver a Bhima, quien por cuenta propia logra la victoria en cada batalla, ahora en este estado de desamparo, ¿acaso no te llena de enojo? Arjuna de los mil brazos (eso parece cuando lanza sus flechas), adorado igualmente por seres celestiales y humanos, atado de pies y manos, ¿no te provoca indignación? ¿Por qué tu enojo no sale de ti como una llamarada y consume a tus enemigos? ¡Y yo, hija de Drupada y hermana de Dhrishtadyumna, desgraciada y obligada a vivir así! ¿Por qué eres tan tibio? No hay *kshatriya* que no sea capaz del enojo, según dicen, pero tu actitud no lo demuestra. Nunca deberías perdonar a un demonio, sino destruirlo sin dejar rastro. ¿Acaso no has oído la historia de Prahlada y su nieto Bali, de la antigüedad? El nieto preguntó: «Dime, ¿está el perdón sin miramientos por encima del enojo juicioso?». Prahlada, que conocía todas las sutilezas de la conducta, respondió:«Niño, la agresividad no es siempre buena, como tampoco lo es el perdón. Alguien conocido por ser indulgente siempre sufrirá y provocará el sufrimiento de los que dependen de él. Los sirvientes, los extraños y los enemigos le tratarán mal, robarán tus bienes ante tus propias narices, y aun tratarán de robarte a tu mujer. A los de mente malvada nunca les conmoverá la compasión. Igual de malo es el enojo y el ejercicio de la fuerza indiscriminados. A un hombre feroz y agresivo le detestarán todos, y sufrirá las consecuencias de su propia irresponsabilidad. Uno debe ofrecer perdón o mostrar enojo juicioso según lo exija la situación».

Yudhistira la escuchó pacientemente y dijo:

–El enojo es destructivo en todo momento, y no voy a reconocer que pueda existir alguna ocasión para ejercerlo. ¡Oh, bella!, uno debería perdonar toda ofensa. No puede haber un límite al perdón. El perdón es Dios y es la Verdad, y el universo está unido sólo por la compasión divina. El enojo está en la raíz de cada acto de destrucción del mundo. Me es imposible aceptar tu filosofía. Todos adoran la paz. Nuestro abuelo, Bhishma, así como Krishna, Vidura, Kripa y Sanjaya; todos se esfuerzan por la paz. Con certeza Dhritarashtra nos devolverá nuestro reino algún día. Si falla en su deber, entonces está destinado a sufrir. No nos corresponde a nosotros estar enojados ni actuar con furia. De eso estoy convencido. Paciencia.

Draupadi respondió:

–A mí me parece que los hombres no pueden sobrevivir en este mundo practicando meramente la tolerancia. La tolerancia excesiva es responsable de la calamidad que te ha ocurrido a ti y a tus hermanos. Tanto en los tiempos prósperos como en los adversos te ciñes fanáticamente a tus ideales. Eres conocido en los tres mundos por tus ideas de virtud. Me parece que más pronto nos abandonarías a mí y a tus hermanos de lo que abandonarías tus principios. ¡Oh, tigre entre los hombres, practicas tu filosofía con mente imperturbable! Has llevado a cabo sacrificios en una escala jamás soñada por nadie de este mundo. Y sin embargo, señor mío, movido por no sé qué poder, no dudaste en perder tu riqueza, tu reino y a todos nosotros, y en un tris nos redujiste al grado de mendigos y vagabundos. Cuando lo pienso mi cabeza da vueltas y me lleno de rabia. Se nos dice que todo es por voluntad divina, y que todo sucede de acuerdo a ella. ¡Supongo que somos como pajas llevadas por fuertes vientos! El poderoso Dios crea ilusiones y hace que toda criatura destruya a sus semejantes. El Dios supremo lo disfruta como si fuera un niño dando forma y aplastando a un muñeco de arcilla. Algunas veces el comportamiento de Dios es extraño. Se queda viendo cómo personas nobles y virtuosas son perseguidas más allá de lo soportable, pero mantiene contentos y prósperos a los pecadores. Estoy dolorosamente confundida. Al verte a ti en este estado y a Duryodhana prosperando, no puedo pensar muy bien de la sabiduría o la justicia de Dios. Si Dios es el verdadero autor de estos actos, él mismo debe estar corrompido por los pecados de cada criatura.

Yudhistira se sintió impactado por tales palabras.

–Hablas con profunda fluidez, pero tu lenguaje es el de una atea –replicó–. Yo no negocio las virtudes como si fueran mercancías, pesando ganancias y pérdidas. Hago lo que me parece correcto porque es la única forma de hacerlo, no por los resultados posibles. No está bien censurar a Dios, amada mía. No difames su nombre. Aprende a conocerlo, a entender su propósito, a postrarte frente a él. Sólo mediante la fe alcanzarás la inmortalidad.

–No me propongo difamar a Dios ni a la religión –contestó Draupadi–. Estoy quejándome desde mi pena. Y continuaré con mis lamentos y quejas. Señor, cada criatura debería llevar a cabo su acto legítimo; de otra forma, la distinción entre lo animado y lo inanimado se desvanecerá. Quienes creen en el destino y quienes se dejan llevar sin siquiera tener tales ideas son como los peores entre los hombres; sólo quienes se comportan como es adecuado a su posición merecen alabanzas. El hombre debe decidir su rumbo y seguirlo con el instrumento de la inteligencia. Nuestro estado de miseria presente sólo podría ser aliviado si actuaras. Si tienes la voluntad, la inteligencia y la dedicación apropiadas, puedes recobrar tu reino. Sentado en las piernas de mi padre, yo solía escuchar tales consejos de un vidente que le visitaba con frecuencia durante sus épocas de preocupación.

Antes de que Draupadi hubiera acabado, Bhimasena se levantó y se dirigió a Yudhistira:

–Nuestros enemigos no nos han despojado de nuestro reino por medios justos, sino por engaño. ¿Por qué habríamos de aceptar esta situación? Fue tu debilidad y tu falta de cuidado la que nos dejó en esta condición. Para complacerte hemos tenido que aceptar esta calamidad… sólo para complacerte. Hemos decepcionado a nuestros amigos y a quienes nos desean bien, y hemos gratificado a nuestros enemigos. Mi mayor pesadumbre en la vida es haberte escuchado y haber aceptado que nos guiaras; de otra forma Arjuna y yo pudimos haber acabado con los hijos del rey Dhritarashtra. Fue la mayor tontería de mi vida (siempre me duele recordarlo) haber dejado ilesos a esos tipos. ¿Por qué habríamos de vivir en el bosque como animales salvajes o mendigos levantando nuestra escudilla, aunque ésta sea un regalo del dios del sol? El alimento mendigado puede ser apropiado para un brahmán, pero un *kshatriya* debe luchar y ganárselo. Te has atado de pies y manos con tus votos y tus argumentos religiosos, pero Dhritarashtra y sus hijos, señor mío, no nos consideran como hombres disciplinados por sus votos, sino como imbéciles. Despójate de tu apatía y tu debilidad, conviértete otra vez en soberano y gobierna a tus súbditos como lo debe hacer un *kshatriya*, en lugar de desperdiciar tus valiosos días entre animales y ermitaños. Deja que Arjuna y yo te despejemos el camino.

Yudhsitira meditó lo que había dicho.

—No puedo reprocharte tus palabras ni el sentimiento que está detrás de ellas —respondió—. Estoy de acuerdo en que todo fue mi error. Ahora debo confesar algo. Acepté jugar sólo porque albergaba la esperanza secreta de que sería capaz de ganarle el reino y la soberanía a Duryodhana, y de hacerle mi vasallo cuando apenas teníamos la mitad del reino después de nuestro regreso de Panchala Desa; pero jugó con la ayuda de ese experto, Sakuni, y ahora estoy pagando por mi propia codicia, la cual no había confesado a nadie hasta ahora. No toméis decisiones cuando estéis enojados o tengáis prisa: no lograremos nada con tales resoluciones. ¡Oh, Bhima, me duelen tus palabras, por favor, espera con paciencia tiempos mejores! He dado mi palabra de que permaneceremos en el exilio durante trece años, y no puedo retractarme ahora con facilidad. Nada más tiene importancia.

Bhima hizo un gesto de desesperanza y dijo:

–Somos como la espuma del río, dejándonos llevar por la corriente sin importar lo que pensemos o hagamos. Con cada momento nos estamos haciendo más viejos. ¡Trece años…! ¿Quién sabe si seguiremos vivos o estaremos en condiciones de reclamar nuestro reino? Y tendremos trece años menos de existencia. Debemos tratar de recuperar nuestro reino en este momento. Ya pasamos trece meses en el exilio. Cada mes ha sido como un año, y eso basta para cumplir tu promesa. Prometiste permanecer incógnito un año después del exilio de doce años. ¿Cómo puede cumplirse esa condición? Los hijos de Dhritarashtra averiguarán dónde estamos con sus espías, y luego tendremos que exiliarnos otros doce años. ¿Así va a ser? Ésa fue una condición injusta para el año decimotercero. ¿Cómo pudiste estar de acuerdo con ella? ¿Cómo pasaremos los seis sin ser reconocidos? Yo, en especial, ¿cómo puedo permanecer escondido? Más valdría tratar de esconder al monte Meru… ¡Oh, rey!, déjanos planearlo seriamente.

Yudhistira permaneció en silencio un largo rato, y luego dijo:

–Más allá de mi promesa y de la obligación que genera, no sería práctico vernos envueltos en un conflicto en este momento. Duryodhana tiene de su lado a Bhishma, Drona y a su hijo Aswathama. Los demás, que hablan favorablemente de nosotros, se le unirán si surge un conflicto, ya que él los mantiene y protege. Además, los ejércitos de los reyes a los que hemos castigado en nuestras primeras campañas buscarán la oportunidad de juntar fuerzas para atacarnos. Debemos recuperar nuestras fuerzas y nuestro apoyo gradualmente hasta poder enfrentar a su ejército con el nuestro. Tú y Arjuna estáis de nuestro lado, pero Drona, su hijo Aswathama, y Karna, hombres prácticamente invencibles, están del suyo. ¿Cómo habremos de vencerlos a ellos? Todavía no tenemos posibilidad de sobrevivir a una lucha. Me siento incómodo pensando en todo esto. En verdad no sé qué hacer...

En aquel momento se apareció Vyasa y dijo:

—Yudhistira, leo lo que pasa por tu mente, y estoy aquí para librarte de tus temores. Llegará el día, puedes estar seguro de ello, en que Arjuna acabará con todos tus enemigos en una batalla. Te enseñaré un *mantra* llamado Pratismriti, y eso te ayudará. Enséñaselo a Arjuna y déjalo ir y conocer a los dioses en sus mundos, y recibir de cada uno un arma especial. Después de obtenerlas será invencible. No desesperes. —Llevó a Yudhistira de lado y le pidió que se diera un baño purificador, y le susurró al oído el *mantra*. Después de eso, Vyasa se fue, ofreciéndoles un consejo de despedida:

—Habéis estado en Dwaitavana suficiente tiempo. Ahora id a otro lugar adecuado, y os sentiréis más felices ahí. No es placentero permanecer en un solo lugar demasiado tiempo.

Pronto Yudhistira abandonó Dwaitavana con sus hermanos y con Draupadi para residir en Kamakyavana, que les ofrecía un lindo paisaje de bellos lagos y bosques. En su debido momento, Yudhsitira sintió que había llegado la hora de enseñar a Arjuna el *mantra* secreto. En un día favorable, después de las preparaciones necesarias, le transfirió el gran *mantra* a Arjuna y le dio permiso de ir y adquirir más armas con Indra, Varuna, Iswara y otros dioses. Arjuna fue hacia el norte y pronto llegó a las montañas Vindhya, en donde seleccionó un lugar y se instaló para meditar.

Shiva se le apareció a Arjuna, primero en forma de un cazador y después en su verdadera forma, y le concedió un *astra* llamado Pasupatha, y luego desapareció. En seguida, Varuna, Yama y Kubera llegaron uno después del otro y le enseñaron las técnicas de sus distintas armas especiales, asegurándole éxito frente a los Kauravas.

Luego, en una senda de montaña, se encontró una carroza esperando para llevarlo a la ciudad de Indra, Amaravathi. Siendo hijo de Indra, se le recibió con todos los honores y le entretuvieron seres celestiales con música y bailes. Llegado el momento apropiado Indra le transmitió los secretos de sus armas, y después sugirió: «Ahora aprenderás música y baile, que te serán útiles algún día». Así que un *gandharva* llamado Chitrasena lo adiestró en las artes.

Durante ese período, la cortesana celestial Urvasi se enamoró de Arjuna y, con el permiso de Indra, se propuso ir a verle una noche, vestida con seda transparente y ungida de perfume. Cuando llamó a la puerta de la alcoba de Arjuna, éste la recibió con profunda cortesía, declarando:

–Eres como mi madre Kunthi o Madri… –con lo cual Urvasi se sintió despreciada y le preguntó si no quedaba en él alguna hombría. Él le dijo:

–Estoy ahora bajo un voto de ascetismo para lograr ciertos propósitos y no puedo verte más que como a mi madre.

Ella lo maldijo:

–Como no has atendido a una mujer a quien su señor, tu padre, había ordenado que te diera placer, pasarás entre las mujeres sin ser notado y serás tratado como eunuco.

Salió enfurecida. Más tarde, Indra le dijo:

–Has superado hasta al más austero *rishi* en el ejercicio de autocontrol. La maldición de Urvasi se cumplirá durante el año decimotercero de tu exilio, en el cual descubrirás que en realidad es una bendición.

En Kamyakavana, sintiendo la falta de su compañía, los hermanos y esposa de Arjuna estaban deprimidos e inquietos. Siguiendo el consejo del sabio Narada, Yudhistira decidió emprender un peregrinaje, bañarse en los ríos y lagos santos y rezar en los sitios sagrados. Los Pandavas comenzaron su peregrinaje hacia el poniente, visitando el bosque Naimisha en las orillas del Godavari, y después continuaron hacia la confluencia del Ganges y el Yamuna, en donde se decía que los dioses bajaban para hacer *tapas*. Serpentearon por la región, sin perderse una sola montaña o río asociado con algo sagrado. Ahora podían olvidar sus penas, aunque siempre sintiendo un vacío perpetuo en sus corazones debido a la ausencia de Arjuna. Al final del duodécimo año de exilio, habían llegado a un cierto lugar en el Himalaya en donde Arjuna se les volvió a unir después de una ausencia de cinco años. Cuando les describió las armas que había adquirido de fuentes divinas, sus esperanzas volvieron a aumentar, y comenzaron a discutir seriamente cómo recobrar su reino después de un año más de exilio bajo disfraz. Al final del peregrinaje volvieron a Kamyakavana.

9. CIEN PREGUNTAS

Mientras tanto, llegaron hasta Dhritarashtra mediante sus espías las noticias de los movimientos y logros de los Pandavas, en particular sobre las nuevas contribuciones de Arjuna a su arsenal. Como siempre, Dhritarashtra estaba dividido entre sus sentimientos de tío y su deseo de conservarse a sí mismo y a sus hijos. Se sumergió en especulaciones sobre qué hacer y, como siempre, cayó en la confusión total. Duryodhana observaba con recelo las reacciones de su padre y dijo:

–El rey no se olvida de sus sobrinos; está obsesionado pensando en ellos. Ahora que sabemos dónde están, ¿por qué no habríamos de actuar rápidamente y acabar con esta molestia de una vez y para siempre?

–Eso puede no ser tan fácil –dijo Sakuni–. Arjuna ha adquirido poderes extraordinarios y, enfurecidos por un sentimiento de venganza, los Pandavas podrían resultar contrincantes formidables. Sin embargo, aún les queda más de un año de exilio. Yudhistira no se retractará de su palabra, ni siquiera si el rey se suaviza y les invita a volver. Pero hay una cosa que puedes hacer. Ahora están en Kamyaka como tribus errantes, vestidos con pieles de animales y revolcándose en el polvo. ¿Por qué no vas allí y te muestras en todo tu esplendor real? Eres hoy el amo del mundo, disfrutas de poder, riqueza y autoridad ilimitadas. Se dice que no hay nada más gratificante que presumir de la superioridad propia ante un enemigo reducido a la mendicidad. ¿Por qué no montas un campamento real cerca del bosque de Kamyaka, para ver cómo se acercan a ti con sus harapos para ser admitidos por los guardias?

Con la excusa de tener que inspeccionar el ganado que pacía en sus fronteras, Duryodhana obtuvo el permiso de Dhritarashtra para montar un campamento cerca de Kamyaka. Era un campamento propio de un rey con cientos de cortesanas, sirvientes, soldados y hombres de la corte. De noche y de día se llevaban a cabo ruidosos banquetes, bailes, música y todo tipo de entretenimientos. El lugar entero se transformó con luminarias y fuegos artificiales de todos los colores.

Duryodhana y sus cómplices habían llegado resplandecientes al campamento, con armaduras y equipo militar espléndidos. Esperaban que los Pandavas notaran el resplandor y la alegría del campamento al otro lado del río. Duryodhana trató de mandar a un mensajero para convocar a los Pandavas, pero al mensajero le fue prohibido el paso al otro lado del río por un centinela, un *gandharva* enviado por los dioses para crear una crisis. Después de acaloradas discusiones y protestas se desató una riña. Poco a poco los demás se vieron envueltos en el asunto.

Habiendo comenzado así, imperceptiblemente, se desarrolló una lucha abierta entre los ejércitos de los *gandharvas* y de Duryodhana. Al final de la pelea, después de que sus soldados hubieran muerto, Duryodhana y sus aliados fueron hechos prisioneros y encadenados.

Al enterarse del incidente, y de cómo Karna se había escapado, Yudhistira mandó a Bhima y a Arjuna a rescatar a Duryodhana:

–Después de todo son nuestros hermanos –dijo–, y cualquiera que sea el conflicto entre nosotros, no podemos abandonarles ahora.

Bhima y Arjuna entraron en acción, y pudieron liberar a los prisioneros de los *gandharvas*, a quienes el propio Indra había ordenado que llevaran a cabo la expedición y escarmentaran a Duryodhana. Éste agradeció a los Pandavas su ayuda, levantó su campamento y volvió a Hastinapura, más triste y más sabio. Los Pandavas volvieron a Dwaitavana.

Los Pandavas estaban de buen ánimo cuando volvieron a su punto de partida, Dwaitavana, después de su prolongado peregrinaje. Dwaitavana ofrecía abundancia de frutas y raíces, y los Pandavas vivían de dietas escuetas, practicando la austeridad y votos rígidos.

Lograron vivir, en general, una vida tranquila, hasta que un día un brahmán llegó en estado de gran agitación. Había perdido una vara y un par de haces de leña especial, con los cuales encendía el fuego necesario para sus actividades religiosas. Normalmente pasaba todas sus horas celebrando sus ritos. Pero aquel día dijo:

–Un venado de tamaño extraordinario, con una cornamenta que se extendía como las ramas de un árbol, llegó corriendo súbitamente, bajó su cabeza, enganchó la vara y la leña en sus cuernos, dio la vuelta y despareció antes de que yo pudiera entender lo que estaba sucediendo. Quiero vuestra ayuda para recuperar esos artículos de oración, pues sin ellos no podré llevar a cabo mis rituales diarios. Podéis ver en el suelo las huellas de sus pezuñas, y podéis seguirlo.

Siendo un *kshatriya*, Yudhistira sintió que era su deber ayudar al brahmán, así que salió con sus hermanos a perseguir al venado. Siguieron sus huellas y al fin lo encontraron, después de una larga cacería. Pero cuando disparaban sus flechas, el venado brincaba, tentándolos a seguirlo por acá y por allá, y súbitamente desapareció sin dejar rastro. Para entonces estaban en lo profundo del bosque y, sintiéndose fatigados y sedientos, se sentaron a descansar debajo de un árbol.

Yudhistira le dijo a su hermano más joven, Nakula:

–Sube a este árbol y busca una señal de agua cerca de aquí.

Pronto Nakula gritó desde lo más alto del árbol:

–Veo zonas verdes y también oigo graznido de grullas… Debe de ser una fuente de agua.

Bajó y se dirigió a un estanque de agua cristalina que reflejaba el cielo como si fuese un zafiro. Se puso de rodillas y se echó agua al rostro. Al hacer eso, una voz estentórea, que parecía venir de una de las grullas posadas sobre el agua, gritó:

–¡Detente! El estanque es mío. No lo toques hasta haber contestado mis preguntas. Después de contestar, puedes beber o acarrear toda el agua que desees.

La sed de Nakula era tan insoportable que no pudo esperar. Se inclinó y, haciendo un cuenco con sus manos, llevó agua a sus labios. Al punto cayó al suelo y quedó, a todas luces, muerto.

Después de un largo rato, Yudhistira mandó a su hermano, Sahadeva, para ver qué había detenido a Nakula. También él se apresuró al ver el estanque azul, escuchó la advertencia, bebió el agua y murió.

Siguió Arjuna. Al oír la voz levantó su arco, disparó una flecha en dirección de la voz y se acercó a la orilla del agua. La voz dijo:

–No seas obstinado. Contéstame antes de tocar el agua.

Arjuna, mirando con sorpresa y tristeza los cuerpos de sus hermanos menores, respondió:

117

–Cuando te haya hecho callar con mis flechas, dejarás de hacer preguntas.

Desesperado por la sed y enfurecido ante el espectáculo de sus hermanos muertos, mandó una lluvia de flechas en todas direcciones. Mientras la voz volvía a advertirle: «No la toques», se agachó, llevó el agua a sus labios y murió.

A continuación llegó Bhima. Vio a sus hermanos yaciendo muertos, y al oír la voz columpió su maza y gritó:

–¡Oh, poder malvado!, quienquiera que seas, acabaré contigo, pero primero déjame despojarme de esta sed mortal.

Sin hacer caso alguno a la advertencia, puso agua en la palma de su mano y al primer sorbo cayó muerto, con la maza rodando a su lado.

Pronto llegó Yudhistira en persona, pasando por el bosque que ningún humano excepto sus hermanos había visto antes. Le impresionó la belleza de los alrededores –enormes bosques, que resonaban con los cantos de pájaros, el ocasional gruñido de un oso o el suave paso de un venado sobre hojas secas –y después se encontró con un magnífico estanque, que parecía hecho por manos celestiales. Allí en sus orillas, vio a sus hermanos.

Lloró y se lamentó en voz alta. Lo atormentaba tanto la tristeza como el misterio de la situación. Vio en el suelo el arco de Arjuna y la maza de Bhima, y pensó:«¿Qué hay de tu promesa de partirle la pierna a Duryodhana? ¿Qué significó la declaración que le habían hecho los dioses cuando nació Arjuna, de que nadie jamás podría derrotarlo? ¿Cómo le explicaría esta calamidad a Kunthi?».

Un poco después se dijo a sí mismo: «Ésta no es una muerte común. No les veo ninguna herida. ¿Qué hay detrás de todo esto?». ¿Podría ser que Duryodhana les hubiera perseguido, y que hubieran actuado sus agentes? Observó las caras muertas; no mostraban señal alguna de decoloración o descomposición. Se dio cuenta de que a sus hermanos no los pudo haber matado un mortal, y concluyó que algún gran poder debía ser responsable de ello. Habiendo resuelto no actuar con precipitación, consideró todas las posibilidades y entró al agua para llevar a cabo los ritos mortuorios.

La voz dijo entonces:

–No actúes precipitadamente; responde primero a mis preguntas y después bebe o acarrea cuanta agua desees. Si no me haces caso, serás el quinto cadáver aquí. Yo soy responsable de la muerte de estos hermanos tuyos; este estanque es mío y quien ignora mi voz morirá. ¡Ten cuidado!

Yudhistira dijo con humildad:

–¿Qué dios eres, que has vencido a estos invencibles hermanos míos, dotados de una fuerza y un valor fuera de lo común? Es grande tu hazaña y te rindo homenaje, pero, por favor, explícame quién eres y por qué has matado a quienes inocentemente apagaban su sed. No entiendo tu propósito, mi mente está agitada y llena de curiosidad. Por favor, dime quién eres.

Después de pedir esto vio una inmensa figura materializándose junto al estanque, creciendo por encima de todo lo que había alrededor.

–Soy un *yaksha* –dijo–. Estos hermanos tuyos, a pesar de mi advertencia, trataron de entrar en el agua por la fuerza y han pagado por ello con sus vidas. Si deseas vivir, no bebas del agua antes de contestar a mis preguntas.

Yudhistira respondió con humildad:

–¡Oh, *yaksha*!, no deseo lo que es tuyo. No tocaré el agua sin tu permiso, a pesar de mi sed. Responderé a tus preguntas tan bien como pueda.

El *yaksha* preguntó:

–¿Por qué sale el sol? ¿Qué hace que se ponga?

Yudhistira contestó:

–El Creador Brahma hace que salga el sol, y su *dharma* provoca que se ponga.

Yudhistira tuvo que pasar una prueba agotadora. Ni siquiera tenía tiempo de pensar en qué decir, porque las preguntas llegaban en un fluir constante. Yudhistira tenía miedo de demorarse en su respuesta o de declarar su ignorancia. Algunas preguntas le parecían triviales, otras le parecían profundas, algunas otras confusas, pero llenas de diferentes niveles de significado. Yudhistira estaba constantemente temeroso de ofender al *yaksha* o provocarlo a cometer más daños, aunque una parte de su mente pensaba:

–¿Qué peor suerte puede tocarnos?

Las preguntas llegaban sin darle tiempo de pensar, a veces cuatro o cinco en una misma respiración. Su significado era ilimitado, y pasaban de un tema a otro.

«¿Qué es lo que más importa para quienes siembran? ¿Qué es lo que más importa para quienes buscan prosperidad?» Antes de que Yudhistira pudiera completar la oración diciendo «Lluvia», ya tenía que contestar a la siguiente pregunta con «Descendencia».

El *yaksha* continuó preguntando:

–¿Qué pesa más que la tierra?

–La madre.

–¿Más alto que los cielos?

–El padre.

–¿Más rápido que el viento?

–La mente.

–¿Qué duerme con los ojos abiertos?

–Los pescados.

–¿Qué se queda inmóvil después de haber nacido?

–El huevo.

–¿Quién es el amigo del exiliado?

–El que le acompaña en el camino.

–¿Quién es el amigo del que está a punto de morir?

–La caridad que haya hecho durante su vida.

–¿Quién ofrece esa amistad con la que se puede contar como un don de Dios?

–La esposa.

–¿Cuál es el deber más alto?

–Abstenerse de lastimar a otros.

A otra serie de preguntas sobre la renunciación, Yudhistira dio las siguientes respuestas: «Renunciar al orgullo nos vuelve agradables; renunciar a la codicia borra la pesadumbre; renunciar a la avaricia trae felicidad. La verdadera tranquilidad es la del corazón... La piedad puede ser definida como el hecho de desearle felicidad a todas las criaturas... La ignorancia es no conocer los deberes propios... La perversidad consiste en hablar mal de los demás».

–¿Qué determina al verdadero brahmán? ¿Su cuna, sus estudios, o su conducta?

–No es la cuna, sino el estudio de las escrituras y la conducta correcta. Un brahmán nacido de la casta, aunque haya dominado los *Vedas*, debe considerarse como de la casta más baja si su corazón es impuro.

Fueron cien preguntas en total. Yudhistira se sentía desvanecer de sed, de la pena y de la zozobra, y sólo podía responder en susurros. Finalmente, el *yaksha* dijo:

–Contesta cuatro preguntas más y encontrarás a tus hermanos –cuando menos a uno de ellos– revividos... ¿Quién es verdaderamente feliz?

–Uno que tiene escasos medios pero está libre de deudas; ése es un hombre verdaderamente feliz.

–¿Cuál es la mayor maravilla?

–Día tras día y hora tras hora, la gente muere y los cuerpos se van, sin embargo quienes observan nunca se dan cuenta de que también un día morirán, sino que piensan que vivirán para siempre. Ésta es la mayor maravilla del mundo.

–¿Cuál es la Senda?

–La Senda es el camino que han trazado los grandes hombres. Cuando uno lo busca, no lo encontrará en el estudio de las escrituras ni de los argumentos, que son siempre contradictorios y conflictivos.

Al final de esas respuestas, el *yaksha* dijo:

–Entre estos hermanos tuyos, puedes escoger a uno para que resucite.

Yudhistira dijo:

–Si tengo sólo una opción, deja que resucite mi hermano más joven, Nakula.

El *yaksha* dijo:

–Él es sólo tu hermanastro. Habría pensado que escogerías a Arjuna o a Bhima, quienes te deben ser muy queridos.

–Sí, lo son –respondió Arjuna–. Pero he tenido dos madres. Si sólo han de sobrevivir dos de nuestra familia, que ambas madres tengan a uno de sus hijos vivos. Que viva Nakula también, para hacer justicia a la memoria de mi otra madre, Madri.

El *yaksha* dijo:

–Me has complacido con tu humildad y el buen juicio de tus respuestas. Ahora, que todos tus hermanos se levanten y se unan a ti.

Enseguida el *yaksha* revivió a sus hermanos y además confirió a Yudhistira el siguiente don: «A donde sea que vayas de ahora en adelante con tus hermanos y tu esposa, tendrás la ventaja de pasar sin ser reconocido». El *yaksha* no era otro que Yama, el dios de la justicia y padre de Yudhistira, quien había venido para probar la fortaleza de mente de Yudhsitira y también para bendecirle con el poder de per-

manecer incógnito, una ventaja especial en vista de las condiciones de su último año de exilio.

La prueba final de los Pandavas parecía haber acabado.
Habían recuperado y devuelto su vara y su leña al asceta
brahmánico. Ahora podían sentarse en calma frente a su ermita y hablar de su futuro.

Yudhistira dijo:

–Nuestra prueba de doce años acabó. Nos falta un año
más. Pasémoslo en una ciudad; ya vivimos en los bosques
suficiente tiempo. Arjuna, tú has viajado mucho; sugiérenos
dónde podríamos pasar el año que viene.

Arjuna estuvo a la altura de la ocasión.

–Contamos con la gracia de Dharma, tu padre –expusó–,
y no nos reconocerán en ningún lugar en donde estemos. Alrededor de aquí hay numerosos reinos en donde abundan las
riquezas, la comodidad y el alimento. Podría mencionar muchos reinos prósperos: Panchala, Chedi, Matsya, Salva,
Avanti. Podéis escoger cualquiera de éstos para residir ahí
en nuestro último año. Cualquiera será agradable y no seremos reconocidos.

Lo pensaron.

–No, no en Panchala, el lugar en donde reina nuestro
suegro, eso sería imposible. Debemos elegir un lugar en
donde podamos vivir sin miedo. Debe ser también placentero y conveniente.

–De todos lo que mencionas –dijo Yudhsitira–, siento
que Matsya sería el más adecuado. Su soberano, el rey Virata, es un hombre bueno y generoso. Pasemos el año ahí.
Busquemos empleo en su palacio. ¿Cómo nos pondremos a
su servicio? Hay que decidirlo. En lo que mí se refiere, me
llamaré Kanka y ofreceré mantener al rey entretenido y di-
vertido jugando a los dados con el rey Virata…

–¡Dados! –exclamaron sus hermanos al unísono–. ¡Ay!

–No hay daño en ello –dijo Yudhistira–. Jugaremos sin apuestas, sólo para pasar el tiempo.

Durante un momento se perdió en visiones del juego:

–¡Qué placer da hacer girar los dados y las piezas de marfil pintado en la palma de la mano…! –Despertó de aquella visión colorida y continuó–: No tengo duda de que Virata encontrará entretenida mi compañía. Si en algún momento me interroga, le tendré que decir que solía acompañar a Yudhistira, lo cual, después de todo, no sería ninguna falsedad. ¿Tú qué elegirías hacer? –le preguntó a Bhima.

Bhima reflexionó un momento y dijo:

–Me llamaré Vallaba y me ofreceré para trabajar en la cocina del rey. –Se dejó llevar soñando cuánto disfrutaría este papel–. El rey no habrá probado tales delicias en toda su vida. ¡Ay, qué oportunidad de poner en práctica mis ideas!

Se regodeaba imaginando que ofrecía festines y alimentaba a la casa real con comida divina, y añadió:

–También les mostraré algunas hazañas físicas a manera de entretenimiento adicional, como domar a elefantes y toros, cosa que puede resultar truculenta. Lucharé contra sus campeones y les haré pasar vergüenza, cuidando de no matar a nadie. Si me piden que dé explicaciones sobre mi pasado les diré que fui cocinero empleado por Yudhsitira y que también entretenía a mi amo con hazañas de lucha. Y no sería una mentira, ¿o sí? –preguntó a Yudhistira con una sonrisa torcida.

Yudhistira se volvió hacia Arjuna y le preguntó:

–¿Y tú cómo lo tomarás?

Arjuna dijo:

–Será difícil esconder las marcas profundas que ha dejado la cuerda del arco en mi brazo, y que podrían delatarme. Tendré que cubrirlas usando pulseras de concha hasta los codos. Usaré una trenza larga y aretes brillantes, vestiré como mujer y me llamaré Brihannala, y me haré pasar por un eunuco. Buscaré empleo en las habitaciones de las mujeres, para cuidarlas, enseñarles bailes y música, y contarles historias.

—¡Ésa sería la falsedad más absoluta! —dijo Yudhistira suspirando—. Bien, supongo que no tienes otra opción, supongo…

Arjuna explicó:

—En el mundo de Indra, Urvasi me condenó a ser tomado por un eunuco, y esa maldición debe cumplirse. No podemos evitar estas cosas.

—Yo me llamaré Granthika —declaró Nakula—. Me encargaré de los establos del rey. Me gustan los caballos y los entiendo. Con mi toque, el animal más feroz se vuelve dócil y lleva a un jinete o tira de una carroza. Puedo hacerlos volar como una tormenta. Diré que Yudhistira me había empleado como su palafrenero…

Sahadeva dijo:

—Yo me ofreceré para cuidar el ganado del rey. Conozco todas las marcas de los toros y todos los caprichos de las vacas lecheras. Con mi toque fluye la leche de una ubre. Me gusta el ganado, y estoy listo para pasar el resto de mi vida con él.

Por primera vez en doce años los hermanos se verían felices, especialmente ante la posibilidad de disfrutar de sus pasatiempos favoritos. Yudhistira pensó entonces en Draupadi.

—Eres delicada y no estás acostumbrada al trabajo desagradable —le dijo—. No deberías cumplir con tarea más dura que escoger tu perfume o tu joyería diaria.

—No olvides que no he visto un espejo en doce años —respondió Draupadi, recobrando su ánimo jocoso y ligero—.

Hay unas mujeres, llamadas *sairandhari,* que son acompañantes o asistentes, sobre todo en casas reales. Seré la *sairandhari*, con talento para hacer peinados, en los recintos de las mujeres de Virata. Si me preguntan, les diré que fui acompañante de Draupadi, y eso estrá tan cerca de la verdad como es preciso.

Consultaron después a Daumya, su sacerdote. Éste dijo:

–No dudo que seréis felices en el reino de Virata, pero de todas formas os hago una advertencia. Cuiden especialmente bien a Draupadi. No permitáis que se exponga mucho a las miradas públicas. El propio Virata es un hombre de intenciones nobles, pero hay uno o dos en su corte que pueden no serlo tanto. Debéis cuidarla especialmente bien. Y otra cosa: en presencia de un rey debéis tener presentes algunas reglas importantes. Como Yudhsitira es un rey, no estaréis al corriente de ellas. Sólo un hombre común al servicio de un monarca puede darse cuenta de cómo está su existencia en filo de una navaja. Mucho más felices son quienes nunca ven a su rey en persona salvo cuando pasa, montado sobre un elefante, en procesión. Quien sirve a un rey está sirviendo a la encarnación de Dios y debe ajustar su distancia debidamente. Nunca os presentéis ante el rey sin haberos anunciado y haber procurado su permiso. Nunca ocupéis en la corte un asiento que pueda provocar envidia en otro. No ofrezcáis ningún consejo que no os hayan pedido. No habléis innecesariamente ni contéis chismes; permaneced callados y alerta en todo momento. Nunca deis ocasión a que el rey deba repetiros una orden. En presencia del rey uno debe ser de habla gentil y evitar la vehemencia, así como las expresiones de enojo y desprecio. Uno no debe reír con demasiado estruendo ni mostrar una seriedad indebida. Uno no debe vestirse como el rey, ni gesticular al hablar, ni mencionar fuera lo que ha transcurrido en presencia del rey. Estad disponibles a la llamada del rey pero no seáis demasiado conspicuos. Así Daumya continuó explicándoles el código de conducta de un cortesano. Luego se despidió de ellos y se fue a vivir a Panchala.

Dejando atrás los bosques de una vez y para siempre, los Pandavas llegaron al reino de Virata. Fuera de la capital colocaron su armadura, sus arcos, flechas,y espadas en un saco y lo amarraron a la rama más alta de un árbol banyan que estaba en el centro de un cementerio. Ya sin sus armas llegaron a la reja del palacio y anunciaron que habían llegado a ponerse al servicio del rey, quien los llamó uno a uno y los contrató. Con la gracia de Yama pasaron sin ser reconocidos.

Durante casi un año no hubo incidentes desagradables, y complacieron a Virata con su diligencia y su integridad. Faltaban sólo unos días para completar el período de exilio cuando, inesperadamente, sucedió una complicación de último minuto.

Tal y como lo temía Daumya, Kichaka –el hermano de la reina y general del ejército, un hombre apuesto y poderoso– se dio cuenta de Draupadi. La había visto de pronto mientras ella servía a la reina, y la cortejó determinadamente mientras ella iba por el palacio cumpliendo con sus deberes. Aunque sus esposos se dieron cuenta de su aprieto, no podían ayudarle sin delatar su identidad. La reconfortaban en secreto y le prometían protegerla llegado el momento preciso. No sólo Daumya, sino también la reina había previsto la situación.

–Los hombres, siendo como son, no te dejarán en paz –le había dicho–. Tu belleza me asusta. Temo hasta por mi esposo. Virata podría sucumbir ante tu belleza. ¿Cómo puedo tenerte en el palacio y evitar complicaciones?

Draupadi había respondido rápido:

–No temas; no habrá complicación alguna. Estoy casada con cinco *gandharvas* que me vigilan a escondidas en donde sea que esté. Ellos me protegerán, y si alguien me molesta los *gandharvas* le matarán al punto. Eso había dejado satisfecha a la reina, que gustaba de la compañía de Draupadi. Le advirtió a su hermano que no se acercara a Draupadi, pero él, febrilmente apasionado, no le hizo caso.

Kichaka le pidió a la reina que le mandara a Draupadi para algún encargo, y cuando ella llegó, él trató de tomarla en sus brazos. Cuando ella lo rechazó, él se enfureció y la atacó. Ella fue llorando a quejarse al rey, que jugaba a los dados con Yudhistira. Ni el rey ni Yudhistira le hicieron caso, aunque éste se sintió indignado, y tuvo que contenerse.

Entonces ella buscó la ayuda de Bhima, quejándose amargamente de los otros, en especial de Yudhistira, quien no había interrumpido su partida de dados. Bhima prometió ayudarle, y desarrollaron un plan. Ella atraería a Kichaka a un salón de baile a la mitad de la noche, prometiendo entregársele ahí. Kichaka cayó en la trampa y, cuando entró en el salón oscuro, Bhima lo mató de un abrazo y se deshizo de él rápidamente.

La muerte de Kichaka causó sensación en el reino, pues había sido un hombre poderoso y el generalísimo del ejército. Draupadi explicó que lo habían matado sus esposos *gandharvas*. Hubo duelo público, y los ciudadanos consideraron a Draupadi como un espíritu malévolo entre ellos, la apresaron y se prepararon para quemarla en la pira funeraria de Kichaka. Bhima la rescató en el último minuto, matando en secreto a los soldados de Kichaka que la llevaban a la pira. Cuando volvió al palacio, tanto el rey como la reina se pusieron nerviosos. La reina suplicaba:

–*Sairandhari*, por favor, márchate. No nos atrevemos a
tenerte aquí con nosotros. El destino que se apoderó de mi
hermano y de cientos de sus seguidores podría apoderarse
de nosotros también. Tenemos miedo de tus protectores
gandharvas, no sabemos cuándo puedan enojarse. Me agra-
das pero no te puedo tener aquí. Por favor, márchate. Vete
lejos.

Draupadi dijo:

–Por favor, no seáis duros. Tu hermano provocó a mis esposos; de otra forma no le habría acaecido ningún daño. Te
aseguro que no os harán daño a vosotros, porque todos vosotros habéis sido muy amables conmigo. Por favor, dejad
que me quede sólo trece días más. Tengo un motivo especial
para hacer semejante petición, y me iré después de trece
días. Lo prometo. Por favor, tenedme esta consideración.

La reina lo pensó, miró a Draupadi inquisitivamente, y
preguntó:

–¿Por qué trece días?

–No lo puedo explicar ahora, pero ya lo sabréis.

–¿Mantendrás alejados a los *ghandarvas*?

–Lo juro por mi propio honor. Nunca volverán a acercarse a este palacio.

–Puedes quedarte. Confiaré en ti.

10. SERVIDUMBRE

Duryodhana sintió desasosiego al darse cuenta de que faltaban sólo unos pocos días más para que se completara el decimotercer año del exilio de los Pandavas. Había mandado a sus espías a averiguar dónde estaban, pero habían vuelto informándole de que no podían encontrar su rastro, provocando con ello un sentimiento general de alivio entre los Kauravas.

Los espías, añadiendo más información para agradar a sus amos, dijeron:

–Durante nuestros viajes descubrimos que el jefe del ejército de Virata, Kichaka, había sido asesinado por ciertos *gandharvas* enfurecidos debido a sus intentos de seducir a una de sus mujeres.

La noticia fue especialmente bien recibida por el jefe de los Trigarata, Susurman, uno de los aliados de Duryodhana, quien había sufrido repetidas derrotas por parte de las fuerzas de Kichaka. La noticia también produjo algunas reflexiones ansiosas en Duryodhana. Se preguntaba: «¿Hay alguien aquí que se crea esta historia de los *gandharvas*? ¿Quién era esa mujer? Debemos intentar averiguar algo más acerca de esos *gandharvas*».

Karna sugirió:

–Mandemos una vez más a nuestros espías más hábiles. Que vayan y busquen con los ojos abiertos en cada montaña, aldea, ciudad y bosque, y entre las muchedumbres en cada festival y mercado. También habrán de visitar otra vez Virata y observar con ojos de lince a cualquier grupo de seis. Que lo hagan con premura, pues debemos descubrirles en pocos días.

Dussasana apoyó la idea y adivinó:

–Los Pandavas deben haber perecido, no puede haber duda de ello. ¡Oh, hermano!, actúa según ello, disfruta de la vida, y no te molestes más por ellos.

Drona, su preceptor, advirtió:

–Es improbable que personas del calibre de los Pandavas puedan perecer. Cuando regresen, ten cuidado; volverán con energía redoblada. Tu siguiente paso debe consistir en hacer la paz con ellos, y también preparar una morada para recibirlos. Esta vez, manda a espías que entiendan las cualidades de los Pandavas para que los busquen…

Bhishma estuvo de acuerdo:

–Debes decidir juiciosamente lo que ha de hacerse al final del poco tiempo que queda, tomando en consideración que si Yudhistira prometió permanecer incógnito, así permanecerá, por ser un hombre de promesa firme, y ninguno de tus espías será capaz de encontrarlo. Llegado el momento, acaso sea ventajoso recibirlos con espíritu amistoso. –Agregó otro consejo–: En donde viva Yudhistira, el reino estará floreciendo. El aire estará lleno en todo momento del canto de himnos védicos, las nubes se reunirán y precipitarán su lluvia en el momento debido. Los frutos de los huertos serán jugosos, y el grano que crece en los campos será abundante y nutritivo; las vacas darán leche dulce y que se convertirá en mantequilla dorada al menor toque de la batidora; la gente estará de buen ánimo y contenta y libre de malicia y mezquindad. Los campos y los jardines estarán siempre verdes y las flores abriéndose perennemente, embalsamando el aire con su fragancia. Que tus espías busquen un reino con estas características. Llegado el momento, envía ahí a un emisario con un mensaje de buena voluntad. Los Pandavas han cumplido con su palabra, y no sería apropiado espiarlos y descubrirlos antes de que acabe su tiempo.

Kripa dijo:

–Haz inventario de tus fuerzas y tus recursos, y aumenta tus poderes en el corto tiempo que tienes a tu disposición para que estés en posición de negociar un tratado con los Pandavas cuando se aparezcan frente a ti, o, si es preciso, forma alianzas para hacerles frente. No hay duda de que debes estar en una posición fuerte cuando los vuelvas a ver. Después de todo, en este momento estarán faltos de tropas y equipo.

Susurman, rey de Trigarta, dijo:

–Ahora que sabemos que Kichaka está muerto, invadamos Virata y tomemos sus riquezas y su ganado. Con frecuencia he sufrido a manos de ese rey, y éste es el momento de que actuemos, cuando se ha quedado sin comandante.

Añadió que si los Pandavas estuvieran vivos, estarían arruinados y débiles y no merecerían ser tomados en cuenta. Su conclusión era que habían perecido y pasado al reino de Yama, y que no hacía falta dedicarles más pensamientos. Sin dudarlo, sugirió que invadieran Virata y con ello fortalecieran sus recursos y su imperio.

Duryodhana se volvió hacia Dussasana y dijo:

–Encárgate de los detalles militares de la campaña inmediatamente. No tenemos tiempo que perder. –Agregó–: La forma de la muerte de Kichaka no deja lugar a dudas; la mano que lo aplastó debe haber sido de Bhima y de nadie más. Sólo Bhima ataca y mata con sus manos. La *sairandhari* no puede ser otra que Draupadi. Y esa historia de cómo la protegen los *gandharvas* debe ser ficción. Bhishma describió las características florecientes del reino en que está Yudhistira. Nuestros espías nos han dicho cuán rico es el reino de Virata, qué verdes son sus campos, cuán numeroso su ganado. Todas las indicaciones están presentes. En los pocos días que faltan debemos atacar y someter a Virata. Si exponemos a los Pandavas antes de tiempo, su exilio se extenderá durante trece años. Por otro lado, si estamos equivocados sobre su presencia ahí, cuando menos habremos llenado nuestras arcas con las riquezas de Virata.

–Sin duda –agregó Susurman, rey de Trigarta–. Has hablado sabiamente.

Duryodhana detalló entonces el plan de acción. Formarían dos columnas, una para atacar a los Matsyas[1] primero, y la otra para atacar al ganado y llevárselo. Ambos objetivos habrían de lograrse en un intervalo de veinticuatro horas.

Fue concedido a Susurman el privilegio especial de dirigir el ataque sobre la capital de los Matsyas. Capturó al rey y se lo llevó en su carreta. En esto, Bhima buscó un árbol para arrancarlo de raíz y vapulear al enemigo. Pero Yudhistira le advirtió:

–Si sigues llevando el árbol entre tus brazos, todos sabrán quién eres y entonces tendremos que permanecer en el exilio durante otros trece años. Toma un arco y una flecha y lucha sin que te reconozcan.

Bhima le obedeció. Blandiendo un arco, un arma poco común, persiguió a Susurman, rescató a su patrón y amigo Virata, y también capturó al rey enemigo. Mientras capturaba a Susurman, Bhima lo había tratado con tal furia que daba pena ver al rey.

1. Viratas.

Yudhistira dijo:

–Libéralo, para que regrese –y después de recomendarle a Susurman que no volviera a involucrarse en tales aventuras, lo escoltó hasta la seguridad de su campamento.

Mientras tanto, otra columna arreó miles de cabezas del ganado de Virata y se las llevó. Como el rey de Virata, Yudhistira, y Bhima, seguían aún en el frente que había sido atacado por Susurman, los vaqueros aterrorizados llevaron la noticia al príncipe Uttara, quien pasaba todo su tiempo en los aposentos de las mujeres pero siempre presumía de su destreza militar.

–¿Cómo se atreven? –tronó–. ¡Voy a recobrar cada cabeza de mi rebaño! ¡Tráiganme mi cota y mis armas! –Daba vueltas y se paseaba enfurecido–. ¡Váis a ver lo que voy a hacer! Debo llegar rápidamente y pelear, sólo dadme un buen cochero capaz de conducir mi carro en medio de la batalla. Cuando me vean pelear, pensarán que está en acción Arjuna, el Pandava. En varias campañas ya me han confundido con él, pero –¡qué pena!–ahora estoy lamentablemente disminuido porque perdí a mi brillante cochero en una reciente campaña en la cual tuve que pelear continuamente durante veinte días y veinte noches consecutivas. Si tengo cochero, me abalanzaré como un elefante loco entre esos debiluchos, los Kauravas, y apenas tardaré un momento en capturarlos a todos: Duryodhana, Drona, Kripa o cualquier otro que esté participando en esta expedición para robar ganado. No me asustan sus nombres. Los ataré a mi carroza y los traeré corriendo…

Ésas eran promesas estimulantes para los vaqueros, pero Uttara no se movía ni un ápice en dirección al campo de batalla. Continuó fulminando maldiciones contra los Kauravas, a quienes llamaba tramposos y debiluchos que sólo eran guerreros cuando enfrentaban a contrincantes débiles.

Arjuna, que también estaba en los aposentos de las mujeres, oyó sus retos y declaraciones de agresión, y convenció a Draupadi para que le sugiriera al príncipe:

–Brihannala es un buen cochero. Solía manejar el carro de Arjuna y lo ayudó en varias expediciones, incluyendo la famosa destrucción de Khandava Vana, ese bosque que Arjuna destruyó para agradar a Agni, dios del fuego.

Mandaron llamar a Brihannala, y el príncipe lo recibió condescendientemente.

–Me dicen que eres un buen conductor de carros. Vamos, prepara los acrros y ven conmigo. Debo recuperar el ganado y darle a esos ladrones disfrazados de *kshatriyas* una lección que recordarán toda su vida.

Arjuna respondió con modestia:

–En realidad sólo soy un cantante, un danzarín y un preceptor de mujeres. ¿Cómo podría yo conducir un carro en medio de una batalla?

El príncipe dijo:

–*Sairandhari* y mi hermana hablan bien de ti, y yo confío en ellas. Estás siendo modesto o estás tratando de escaparte. No hay tiempo que perder. Vamos. Prepárate para la batalla. Te lo ordeno, no me contestes. Vístete para la batalla ya, te lo ordeno.

Habiendo dicho eso, se colocó una brillante cota de malla y empuñó diversas armas, ordenándole a Arjuna que también se vistiera apropiadamente para aquella ocasión marcial. Arjuna cometió muchos errores mientras se ponía su cota y su armadura, fingiendo no saber cuál era el lado correcto de cada pieza, lo cual provocó risas estrpitosas en las mujeres que lo observaban.

Después de aquella chacota se dirigieron al campo de batalla, mientras las mujeres les daban flores y quemaban incienso delante del carro para desearle éxito en su expedición.

–No te olvides de traernos recuerdos de la batalla –decían.

En el camino, Uttara exhortó a Arjuna y le aconsejó sobre cómo debería conducirse en la guerra. Mientras los caballos galopaban, Uttara comentó la habilidad del cochero:

–Con razón Arjuna podía pelear donde fuera con un conductor como tú. Bien, pronto regresaremos a la capital con esos Kauravas encadenados y el ganado liberado. Estoy seguro de que mi padre se sorprenderá cuando vuelva de su campaña y se encuentre con los prisioneros que le traje.

–Hablando así estuvieron pronto a la vista del ejército Kaurava, formado en la frontera.

Al ver las filas de soldados que se extendían hasta donde alcanzaba la vista, Uttara comenzó a flaquear.

–Brihannala, no conduzcas tan aprisa, detente un instante: Ahora tenemos que pensar un poco. Espera, espera... veo ahí a Karna y a Duryodhana y a todos ellos... Nunca esperé que todos estuvieran ahí... Debemos reconsiderar nuestra posición ahora mismo...

Arjuna no aflojó el paso sino que, haciendo caso omiso de las órdenes del joven, condujo a sus caballos más velozmente, con lo cual el joven príncipe se inquietó.

–¿No me oyes? –dijo–.

Arjuna le respondió:

–No te descorazones todavía. Una vez que aumento la velocidad ya no puedo ir más despacio. Corramos hacia ellos y verás como se dispersan.

El príncipe comenzó a gritar:

–¡Mira cómo se me pone de punta el pelo de los brazos!, ¿no lo notas? ¡Significa que no me siento bien! ¡No puedo salir y pelear en estas condiciones! ¡Regresemos! ¡Necesito medicina para ponerme bien! ¡Se me ha olvidado traerla conmigo!

–¡Me ordenaste que te llevara con los Kauravas; no pararé hasta no haberlo hecho!

–¡Ay, imposible! ¡Cochero, escúchame!

–¡No, nada que discutir ahora! ¡Debemos pelear!

–¡Ay, escucha! Mi padre se llevó a todo el ejército para pelear contra los Trigartas, dejándome solo en la ciudad. No pensó en mí. Si tan sólo me hubiera dejado a unos cuantos hombres para asistirme…

–No estés ansioso. ¿Por qué te ves ya pálido y tembloroso? No has comenzado a pelear. Me ordenaste: «llévame con los Kauravas», y debo cumplir tu orden. No puedo hacer menos que eso. Estoy preparado para luchar hasta la muerte para recuperar las vacas o para cualquier otro propósito. Frente a las mujeres presumías para impresionarlas. Si ahora volvemos sin las vacas se burlarán de nosotros. Yo pelearé, ya que *Sairandhari* espera que consiga la gloria. Si tú no puedes pelear, quédate quieto.

Uttara estaba desesperado.

–Que nos quiten el reino, si lo desean. No me importaría. Que las mujeres se burlen de mí. No me importa. Que esas malditas vacas se mueran. No me importa. Que nuestra ciudad se convierta en un páramo. No importará. Que mi padre piense de mí lo peor, y que me llame cobarde y demás cosas. ¿Y qué si me llama así? –Diciendo esto, Uttara saltó del carro, tiró sus armas y comenzó a correr en dirección contraria.

Arjuna detuvo la carroza, corrió detrás del príncipe fugitivo, y lo trajo a rastras.

–No te escapes –le dijo–. Maneja tú el carro y yo pelearé. No tengas miedo. Ahora sube a ese árbol y agarra el bulto que encontrarás ahí.

–El árbol crece en suelo impuro. ¿Cómo puede alguien de la familia real poner pie en un cementerio? Y esa cosa que cuelga ahí parece un cadáver. Ningún *kshatriya* debe contaminarse acercándose a un cadáver.

–No es un cadáver –dijo Arjuna–, sino sólo un saco amarrado para parecerlo, de tal forma que nadie se acerque. El saco tiene las armas de los hermanos Pandava. Debes trepar al árbol y traerlo.

El príncipe no tuvo más opción que escalar el árbol. Cuando volvió con el saco, Arjuna desató las cuerdas y sacó las armas mientras Uttara lo miraba, soltando gritos de admiración. Arjuna sacó su Gandiva, su propio arco, y explicó:

–Esta es la mayor de las armas, igual a un centenar de ellas, capaz de ganar reinos para su dueño y de permitirle destruir por cuenta propia ejércitos enteros. Con ella conseguía Arjuna sus victorias. Era un arma adorada por los dioses. Shiva la tuvo durante mil años, y después, uno tras otro, cada uno de los dioses, y finalmente Arjuna, la recibieron de Agni. No se ha conocido jamás arma más poderosa. –Y luego le explicó la naturaleza y el origen de todas las otras armas: cimitarras, arcos y flechas, y espadas, usadas con habilidad especial por cada uno de sus hermanos.

Uttara se sintió sobrecogido por aquel espectáculo ante él y no pudo evitar la pregunta:

–¿Dónde están esos eminentes guerreros? Había oído decir que lo perdieron todo y se convirtieron en vagabundos. ¡Pero si con esas armas pudieron haber conquistado el mundo!

–Y lo harán –dijo Arjuna firmemente–. Y esta Gandiva saldrá pronto de su escondite.

–¿Dónde está el portador de la Gandiva? –preguntó el joven.

–Aquí –declaró Arjuna, y explicó quiénes eran los demás.

Uttara estaba emocionado y dijo:

–Mi cobardía ha desaparecido. Ahora puedo luchar contra

los seres celestiales mismos. Permíteme el honor de manejar tu carro; dirigiré los caballos como Matali, el cochero de Indra.

Arjuna se amarró el pelo y se colocó su armadura de hombros y una muñequera, y toda los arreos bélicos. Uttara estaba azorado por la transformación que se había producido en la personalidad del otro, y se sintió tan seguro que dijo una y otra vez:

—Ahora yo conduciré en medio de cualquier ejército siguiendo tus órdenes.

A pesar de esta declaración de valor, cuando Arjuna sopló su caracola, Uttara comenzó a temblar de miedo y se derrumbó en el suelo del carro. Era incapaz de sostener las riendas porque sus manos temblaban. Arjuna explicó:

—Cuando suena mi caracola, su sonido siempre hace temblar a mis enemigos, pero tú no eres enemigo, tranquilízate.

—No es un sonido normal, señor. La tierra parece temblar, los árboles se ladean como en una tormenta, y los pájaros en el aire, ya sea el águila que se cierne en las alturas o la golondrina, caen al suelo.

—Levántate, levántate —dijo Arjuna—. Estarás bien. Yo dirigiré los caballos, tú sólo mantente firme. Voy a hacer sonar de nuevo la caracola...

El sonido de la caracola volvió a sacudir a Uttara, pero se recuperó y pronto pudo encargarse de los caballos. En lugar del estandarte del príncipe, Arjuna había izado el suyo en la carroza. Cuando izó el estandarte, un regalo celestial de Agni decorado con la imagen del dios mono, Hanuman, tomaron sus asientos en la carroza distintos tipos de seres sobrenaturales, emitiendo gritos de guerra que llegaron hasta los oídos de los enemigos.

Drona fue el primero en decir:

—Seguro que esa caracola es de Arjuna. Está aquí. Debemos prepararnos para hacerle frente.

Duryodhana contestó:

–La condición era que debían pasar el decimotercer año sin ser descubiertos. El decimotercer año sigue corriendo, lo cual significa que deberán exiliarse otros doce años. Le toca a nuestro pariente Bhishma decirnos si el fallo de cálculo fue de ellos o nuestro. Nosotros no venimos aquí a espiarles, sino con otro propósito: sólo para llevarnos el ganado del rey Matsya y para apoyar a Susurman, quien en cualquier momento se reintegrará a nuestras columnas trayendo a Virata encadenado. No perdamos tiempo en especulaciones; el único camino es pelear. Hemos venido preparados para ello.

Como siempre, Karna le apoyó, y se regodeó imaginando que acababa con Arjuna él solo. Pero Aswathama, hijo de Drona, se rió burlonamente de Karna y Duryodhana, diciendo:

–No estoy preparado ahora para pelear con Arjuna. No hace falta. Después de todo, han sido fieles a su palabra, ¿y qué razón tenemos ahora para pelear con ellos? –Se volvió hacia Karna y Duryodhana–. Una vez más, a menos que uses a tu tramposo tío para llevar a cabo un sucio truco, no saldrás victorioso si te enfrentas a Arjuna y sus hermanos.

Mientras discutían todos los aspectos del asunto, Bhishma sugirió que en lugar de que uno u otro hiciera frente a Arjuna, los seis juntos habrían de atacarle juntos. Todos estuvieron de acuerdo en que Duryodhana no debía exponerse a aquel riesgo, y le suplicaron que se fuera del campo de batalla y regresara a Hastinapura.

Arjuna vigilaba cuidadosamente cada movimiento de sus primos al otro lado del campo y cómo reunían a sus fuerzas, y ordenaba a su cochero que se dirigiera hacia cada grupo. Observó en especial el movimiento de Duryodhana y decidió arrinconarlo.

Como Yudhistira no estaba allí para retenerlo, Arjuna tenía plena libertad para mostrarse y hacer lo que quisiera, así como para seguir sus ganas de adelantarse y pelear, usando todos los *astras* recién adquiridos. Drona había sido su maestro. Yudhistira disparó varias flechas que pasaron silbando cerca de los oídos de Drona y varias otras que cayeron ante sus pies. Aquello agradó al maestro.:

–Las flechas que pasaron cerca de mis oídos fueron para hacerme llegar los saludos de Arjuna –dijo– y las flechas a mis pies son su homenaje. Éste es el idioma de las flechas. ¡Qué gran arquero ha resultado ser!

Arjuna dijo:

–No dispararé a menos que el propio Drona dispare primero –y al acercársele en su carro, Drona le atacó, y siguió entonces una encarnizada lucha entre iguales. Drona admiraba las tácticas de Arjuna. Respondía a un *astra* con otro, y Arjuna pudo atacar y contraatacar con tal destreza que los dioses se reunieron por encima de ellos para ver la pelea. Fue emocionante, perfecta, y libre de odio o malicia. Kripa, Bhishma y Drona querían a Arjuna pero tenían que participar en la batalla por lealtad hacia Duryodhana. Sus encuentros con Arjuna tenían la apariencia de una demostración del arte de la guerra, un encuentro amistoso. No así el encuentro con Karna.

–Toda tu vida has presumido de lo grande que eres. Ahora demuéstralo con tus actos –gritó Arjuna–. Recordando el trato salvaje de Karna hacia Draupadi en el salón de juegos, aporreó a Karna, quien se retiró ensangrentado.

En seguida, Arjuna vio a Duryodhana intentanto espcapar, y súbitamente dio la vuelta para cerrarle el camino de salida. Cuando éste se desmayó, sus seguidores lo rodearon para protegerlo. Entonces, uno de los *astras* sobrenaturales de Arjuna dejó inconscientes a todos los que estaban en el campo. Arjuna ordenó a Uttara que les quitara las ropas resplandecientes a todos, dejándolos con un mínimo de vestido, y se llevara el botín como recuerdo para las mujeres en el palacio Virata.

Arjuna se sintió contento de haber retribuido así, en cierta medida, la indignidad cometida a Draupadi aquel terrible día.

–Se acabó la guerra y el ganado ha sido recobrado –anunció Arjuna, y se encaminó hacia la capital.

Arjuna regresó al árbol banyan del cementerio, y volvió a guardar sus armas. Izando otra vez la insignia de Uttara sobre el carro, le aconsejó:

–Deja que entren los mensajeros y anuncien nuestra victoria. No reveles nuestra identidad; podría perturbar al rey. Que los mensajeros anuncien que tú has luchado y ganado.

Al recibir las noticias de la victoria, el rey estaba jubiloso.

–Mi hijo ha salido victorioso ante la crema de los Kauravas; se enfrentó solo a ellos.

Ordenó celebraciones públicas, pero Yudhistira lo interrumpía diciéndole:

–Sí, sí, claro, si Brihannala fue su cochero no se puede haber esperado nada menos que el éxito.

El rey estaba tan emocionado por los logros de su hijo que no le gustaron aquellos comentarios de Yudhistira.

Hubo regocijo público y fiestas en el palacio. Las muchedumbres se reunían a la orilla de los caminos para recibir al héroe del día: Uttara. Mientras esperaba con ansia y orgullo su llegada, Virata pensó en matar un poco de tiempo jugando a los dados con Yudhistira, quien se resistió a la idea. No estaba de humor para el juego, pero Virata le obligó con su autoridad, y entonces jugaron. El rey continuaba elogiando el valor de su hijo, mientras que Yudhistira loaba a su conductor. Esto enojó tanto al rey que lanzó un dado que golpeó a Yudhistira en la cabeza, y comenzó a manar sangre de la herida. Yudhistira la secó con un trapo y Draupadi colocó en seguida una vasija debajo de la herida para evitar que la sangre cayera en el suelo.[2]

Mientras tanto Uttara había vuelto y, advirtiendo la sangre, preguntó:

–¿Quién ha hecho esto?

–Fui yo –respondió el rey–. Quería darle una lección a este sujeto obstinado.

Uttara estaba despavorido. Aunque no podía revelar aún la identidad de Kanka, regañó a su padre.

–Has causado un daño imperdonable –le dijo–, la maldición del brahmán te dejará arrugado y reducido.

Virata se apresuró a pedir disculpas a Yudhistira y le curó la herida.

Yudhistira dijo:

–¡Oh, rey, entiendo! Quienes poseen autoridad naturalmente se comportan con una severidad fuera de toda razón cuando están enojados. No obstante, no guardo ningún rencor por lo que hiciste. Ya lo he olvidado.

El rey se volvió entonces hacia su hijo para pedir detalles de su encuentro con guerreros de la talla de Drona, Karna y Duryodhana. Uttara explicó:

–Yo no hice nada; todo lo logró el hijo de una deidad... –Y describió cómo todos los enemigos cayeron derribados en el campo de batalla.

El rey preguntó:

–¿Dónde está ese hijo de Dios?

–Desapareció inmediatamente después de la batalla, pero quizá aparezca de nuevo mañana o pasado mañana.

---

2. Según una bendición de la que disfrutaba Yudhistira, si su sangre caía al suelo, provocaría la muerte de quien la hubiera derramado.

11. DISPAROS DE ADVERTENCIA

El tercer día después de la batalla, al entrar al salón de asambleas, Virata recibió una sorpresa. En los asientos reservados para los reyes estaban sentados Yudhistira y sus hermanos: el cortesano, el cocinero, el eunuco y los cuidadores de los caballos y el ganado, enjoyados y vestidos con ropa lujosa. Enfurecido por lo inapropiado de la situación, les ordenó que se levantaran y se marcharan. Entonces Yudhistira se presentó a sí mismo y presentó a sus hermanos.

Virata se sentía tan sobrecogido que ofreció a Yudhistira su riqueza, su ganado y el reino entero en compensación por haberles tratado como a sirvientes. Entonces le ofreció su hija Uttarai (Uttara era el príncipe) a Arjuna, pero él respondió:

—Durante el año entero me he estado moviendo cerca de ella en los aposentos de las mujeres, y la veo como a una hija. Prefiero aceptarla como nuera, casada con mi hijo Abhimanyu,[1] quien será un esposo digno.

Después de las tensiones de trece años de exilio, la boda de Abhimanyu y Uttarai fue un cambio agradable. Se envia-

---

1. Abhimanyu nació de Subhara, hermana de Krishna con quien Arjuna se había casado antes y a quien había dejado en Dwaraka.

ron invitaciones a muchos reyes y príncipes.[2] El más distinguido entre los invitados fue Krishna, quien había traído consigo a su hermana y al hijo de ésta, el novio. Desde Dwaraka, Krishna también había traído diez mil elefantes y diez mil carrozas, así como caballos y soldados. Krishna repartió regalos entre los Pandavas: varias medidas de piedras preciosas, oro, túnicas y un gran número de esclavas.

En el patio del palacio sonaron conchas, címbalos, cuernos y timbales y otros instrumentos musicales. En suntuosos banquetes se sirvió delicada carne de venado y otras clases de carnes especiales. Varios tipos de vino y los jugos embriagantes de plantas exóticas fluyeron profusamente. Poetas y trovadores atendieron a los reyes y cantaron sus loas.

A la hora marcada, la novia fue presentada por el rey y aceptada por Arjuna en nombre de su hijo. Como dote para la ceremonia nupcial, Virata dio a Abhimanyu siete mil caballos veloces como el viento, dos mil elefantes escogidos y riquezas de todo tipo. El fuego de sacrificio ardía estruendosamente con grandes cantidades de manteca clarificada, añadida al ritmo del canto de los *Vedas* y los *mantras*.

Al día siguiente, el salón de asambleas estaba lleno de invitados distinguidos ocupando sus asientos de oro y marfil, según su importancia. La pedrería que usaban centelleaba y el salón parecía un firmamento adornado de estrellas brillantes. Cuando los invitados reunidos se hubieron saludado y conversado sobre generalidades, se produjo un silencio. Todos sabían que aquel silencio era sólo el preludio a discusiones de la mayor importancia.

Todos los ojos se volvieron entonces al lugar en que estaba sentado Krishna, con su hermano Balarama. Fue un

---

2. Los nombres de los reyes que asistieron como invitados, junto con sus seguidores, ocupan varios cientos de versos en el texto original.

momento significativo, y el comienzo del liderazgo de Krishna en el inevitable enfrentamiento con los Kauravas. Krishna se dirigió a la asamblea:

–Todos saben que Yudhistira fue vencido en un juego de dados por medios sucios. Despojado de su reino, él y su familia tuvieron que vagar y sufrir, todo porque había prometido permanecer en el exilio durante doce años, y luego un año más escondiéndose, que acaso haya sido la parte más difícil de sus desventuras. Tuvieron que llevar a cabo tareas insignificantes y vivir con el temor permanente de ser descubiertos. Habiendo ahora cumplido con su promesa al pie de la letra, ha llegado el momento de que recuperen su reino, su riqueza, su hogar y su dignidad real. ¿Pero recibirán lo que les corresponde por medios justos? ¿Responderá Duryodhana a la petición de que les devuelva su reino? Lo dudo. Aun así los Pandavas se preocupan por el bienestar de sus primos y no actuarán de forma precipitada. Debemos decidir qué hacer para recuperar nuestros derechos, si es posible, sin perder nuestra voluntad de paz. Por favor, considerad el asunto a fondo, discutidlo entre vosotros y aconsejadnos. No es posible adivinar lo que Duryodhana puede hacer, quiere hacer, o piensa hacer. Siento que será difícil planear algo en esta etapa, cuando no podemos entender la mente del otro. Así que sugiero que se envíe a alguien a Hastinapura, un embajador hábil con valor y carácter, que pueda ser tan persuasivo como firme en su habla, para convencer a Duryodhana de que devuelva la mitad del reino a Yudhistira, quien no está pidiendo más.

Después de este discurso, Balarama, hermano mayor de Krishna, dijo:

–Recordad que Duryodhana tiene dominio absoluto sobre el reino entero. Yudhistira, en su generosidad, está pidiendo sólo la mitad. ¿Pero cederá Duryodhana esa mitad?

Debemos tratar de averiguar lo que está pensando y después decidir qué hacer. No creo que el discurso firme de un embajador ayude; acaso sólo provoque un conflicto. Duryodhana no cederá fácilmente lo que ha poseído tanto tiempo. Escojamos a un mensajero que sea capaz de pedir con humildad y conseguir una concesión; si los retamos, los Pandavas no ganarán nada. El idioma de nuestro mensajero debe solicitar entendimiento. Después de todo, Yudhistira tenía su reino pero decidió jugárselo por decisión propia, a pesar de los consejos de quienes le deseaban bien y sabían que era un mal jugador. Y sin embargo decidió retar, entre todas las personas, al hijo de Subala, conocido por su inteligencia y sus engaños. Había muchos en el salón a quien Yudhistira pudo haber retado, pero decidió jugar sólo contra Sakuni, y no una, sino varias veces. Así que ¿a quién debe culparse por la presente situación? Recordemos nuestra propia debilidad y adoptemos un lenguaje de conciliación, no de enfrentamiento.

Un gobernante llamado Satyaki, pariente de Krishna y también su cochero, dijo:

—No estoy de acuerdo con sus declaraciones, señor. No es la verdad. Yudhistira no decidió jugar, lo retaron. Como *kshatriya* tuvo que aceptar. No pidió jugar contra Sakuni, Yudhistira lo había arreglado así. Engañaron a Yudhistira. Sin embargo, eso está en el pasado. Yudhistira cumplió su promesa. A pesar de ello, ellos siguen discutiendo y aferrándose a sus posesiones mal habidas, presentando argumentos bizantinos sobre el cálculo del tiempo en que los Pandavas se aparecieron después de pasar incógnitos durante una temporada. Yo no pediría caridad. Que nuestro mensajero vaya y diga que Yudhistira, en su generosidad, está preparado para recuperar sólo la mitad de su reino. Deben acceder a ello o hacer frente a las consecuencias. La forma de apelar a ellos será con flechas y no con palabras. Reuniré a mis fuerzas y mandaré a los Kauravas al mundo de Yama si no se inclinan a los pies de Yudhistira.

Drupada, suegro de los Kauravas, agregó su voz:

–Duryodhana no cederá nada por medios pacíficos. Es de los que tratan como a un imbécil a quien les habla dócilmente. No podemos esperar mejora alguna si interviene Dhritarashtra; él apoyará a su hijo de todas las formas. Drona y Bhishma, sin importar sus opiniones personales, siempre apoyarán a Duryodhana. Ahora el paso más importante es prepararse para la guerra. Debemos mandar a nuestros mensajeros sin demora a todos los reyes, al norte, al sur, al oriente y al poniente, para ser los primeros en conseguir sus promesas de apoyo. –Mencionó a más de cincuenta gobernantes a los cuales habría que aproximarse de inmediato.

–Además de todo ello –sugirió –debemos enviar a un hombre educado e inteligente al otro campamento para transmitir clara y decididamente nuestras peticiones, sin que tenga miedo ni tampoco sea ofensivo. Nuestro enviado no ha de ser ni agresivo ni servil.

Krishna se preparó para volver a Dwaraka con su séquito, sintiéndose satisfecho de que se hubiera dado un buen comienzo a la rehabilitación de los Pandavas. Antes de partir repitió:

–Tratemos de mantener una relación amistosa, pero si Duryodhana nos rechaza, llamadme primero, y después convocad a los aliados. Entonces la *Gandiva* y todas nuestras otras armas podrán entrar en acción.

Los Pandavas eligieron a un sacerdote, estudioso y bien versado en la ciencia de la política, para que fuera a Hastinapura como su enviado. Simultáneamente despacharon mensajeros a varios principados para buscar aliados. Arjuna en persona salió hacia Dwaraka para pedir formalmente la ayuda de Krishna. Duryodhana, quien por sus espías estaba al corriente de los planes que se tramaban en el campamento Pandava, también mandó a sus mensajeros a lo largo y lo ancho del país para buscar aliados, y salió él mismo hacia Dwaraka para pedir la ayuda de Krishna. Arjuna y Duryodhana llegaron al mismo tiempo, mientras Krishna dormía, y entraron juntos en su alcoba. Duryodhana escogió un buen asiento en la cabecera del catre de Krishna y Arjuna se sentó a sus pies, ambos esperando que Krishna despertara. Cuando Krishna abrió los ojos, la primera persona a la que vio fue a Arjuna y, advirtiendo la presencia del otro visitante en su cabecera, habló con palabras que se aplicaban a ambos, dando saludos generales y preguntando por sus respectivos bienestares.

Arjuna estaba en pie cruzado de brazos, e hizo una reverencia. Duryodhana habló primero:

–Tanto Arjuna como yo somos tus parientes y debes tratarnos con la misma consideración. Yo fui el primero en llegar. La regla inflexible es que quien llega primero debe ser atendido antes. Vengo a pedir tu ayuda en la guerra que amenaza con estallar.

–No sé si fuiste el primero en llegar, pero Arjuna fue el primero que vi al abrir los ojos. Es el más joven, y el código señala que, en estas condiciones, el más joven debe escoger primero. Estoy dispuesto a ayudaros a ambos. Tengo bajo mi mando a más de un millón de soldados, fuertes y aguerridos; podría decir incluso que son más fuertes que yo. Estos soldados, este ejército de un millón de hombres, estará disponible para uno de vosotros. Para el otro estaré disponible personalmente, pero no pelearé; sencillamente me pondré del lado de quien me escoja, eso es todo. Ahora decidme qué escogéis: el más joven, Arjuna, será el primero en hablar.

Arjuna contestó en seguida:

–Tú debes estar de mi lado, aunque no pelees. No quiero a un millón de soldados.

Duryodhana estaba contento de recibir al millón de soldados, pensando que Arjuna debía ser un tonto por escoger a una persona, que no iba a pelear, en lugar de a un millón de soldados. Le dio sus más rendidas a Krishna y se marchó.

Al enterarse de los preparativos bélicos, Salya, uno de los reyes más poderosos y padre de Madri, segunda esposa de Pandu, dejó su capital con su séquito y sus tropas para encontrarse con Yudhsitira y ofrecerle su apoyo. Al tanto de esos movimientos gracias a sus espías, Duryodhana le organizó recepciones a lo largo del camino. Se levantaron arcos con decoraciones florales, lujosos pabellones construidos para que Salya y su séquito descansaran, y en donde los sirvientes de Duryodhana, bien entrenados en hospitalidad, ofrecían comida y bebida con liberalidad.

Salya supuso que todo eso había sido organizado por Yudhistira y dijo:

–Que los responsables de estos excelentes preparativos vengan aquí, porque deseo recompensarles.

Los sirvientes corrieron a transmitir este deseo a Duryodhana, quien no perdió tiempo en presentarse con Salya para declarar que él había hecho aquellos arreglos para que su viaje fuera más cómodo. Salya estaba sorprendido, pero complacido.:

–Tus disposiciones son divinas. ¿Qué puedo darte a cambio?

Duryodhana había estado esperando la pregunta y de inmediato contestó:

–Quiero que dirijas nuestro ejército.

Salya se sintió sorprendido otra vez pero dijo:

–De acuerdo, dirigiré tu ejército. ¿Qué más?

–No necesito nada más –respondió Duryodhana.

En esto, Salya dijo:

–Antes debo visitar a Yudhistira y saludarle, y me uniré a ti después.

Duryodhana respondió:

–Vuelve pronto y no dejes que Yudhistira te entretenga bajo ningún pretexto.

Salya se encontró con Yudhistira y tuvieron una larga conversación. Al enterarse de la promesa de Salya, Yudhistira dijo:

–Has dado tu palabra a Duryodhana y, sin duda, tienes que cumplirla; pero debo pedirte un favor. ¿Me lo concedes?

–Sí –respondió Salya.

–Aunque lo que te propondré no es del todo ético, tendrás que hacerlo por mí –dijo Yudhistira–. Según lo preveo, durante la guerra habrá un combate entre Arjuna y Karna. En ese momento tú has de manejar el carro de Karna, y utilizar la ocasión para proferir comentarios y advertencias que desanimarán a Karna y lo volverán débil e irresoluto. Quiero que gane Arjuna. Es una petición impropia, lo sé, pero, por favor, hazlo por mí."

Salya le aseguró que desanimaría a Karna en el momento crucial y, después de desearles a los Pandavas la victoria en el conflicto que se acercaba, partió.

12. ¿GUERRA O PAZ?

El sacerdote que había sido enviado a la corte de Dur-yodhana fue recibido con el debido honor y colocado en el asiento apropiado. Después de los preámbulos formales y el intercambio de saludos respetuosos, el sacerdote expuso la situación.

–Los Pandavas no desean la guerra; lo único que quieren es su parte del reino, la que les pertenece legítimamente. Según la justicia deberían ser invitados a recobrar su parte. No tiene que haber guerra; es innecesario. Pero si los Kauravas prefieren una guerra, será su fin, os lo aseguro. Ya están reunidos siete *akshaunis*,[1] listos para luchar contra los Kaurava-vas, esperando sólo la orden. Hay otros, como Satyaki, Bhimasena y los gemelos, cada uno con la fuerza de mil *akshaunis*. A ellos hay que añadir el poderoso Arjuna y el hijo de Vasudeva, Krishna, cuya sabiduría vale más que la fuerza de once divisiones. Si vosotros lo decidís, ellos volverán a sus ocupaciones pacíficas.

Bhishma fue el primero en responder.

–¡Qué suerte de que sólo deseen paz! Todo lo que has di-

---

1. Un *akshauni* era una división de batalla compuesta por carros, elefantes, caballos, e infantería, que ascendían a varios miles.

cho es verdad; pero tus palabras son duras. Acaso porque eres de la clase sacerdotal y usas las palabras como armas, y también quizá porque te han instruido para que hables así. Todos saben que por derecho los Pandavas deben recuperarlo todo, y que Arjuna es invencible cuando se le provoca...

En ese momento Karna interrumpió con enojo:

–¡Ay, brahmán!, no olvides que Yudhistira estuvo de acuerdo en que Sakuni jugara en nombre de Duryodhana, y Sakuni ganó, y Yudhistira se exilió según estaba estipulado. Si los Pandavas hubieran ganado, Duryodhana habría sufrido la misma suerte. Pero habría respetado su voto, a diferencia de Yudhistira, que ahora tiene el apoyo de Matsyas, Panchala, Yadavas,[2] y los demás, y fundándose en ello desea exigir el reino. Debes saber, brahmán, que si lo dictara la justicia, y se procediera de forma adecuada, Duryodhana cedería el mundo entero. Si los grandes hermanos Pandavas desean recuperar su reino, deben pasarse el tiempo estipulado en los bosques, y después venir a pedirlo. Si son tan incautos como para querer una guerra, aprenderán su lección.

Bhishma respondió:

–No sirve de nada que hables así. ¿Cómo puedes olvidar hasta el encuentro más reciente, cuando Arjuna peleó solo contra nosotros seis? Si nos comportamos de forma imprudente sufriremos las consecuencias.

Dhritarashtra hizo callar a todos y dijo:

–No se hable más de este tema. ¡Oh, brahmán!, mandaremos nuestra respuesta con Sanjaya. No tienes que esperar nuestra contestación. Puedes irte. –Y de inmediato ordenó los honores debidos al mensajero que partía.

Sanjaya fue convocado e informado en detalle de la situación, y en conclusión se le aconsejó:

---

2. El clan de Krishna.

–No les digas nada que pueda parecerles desagradable o provocar una guerra.

A su debido tiempo, Sanjaya llegó a Upaplavya, en las afueras de la capital Virata, en donde residían los Pandavas. Allí les presentó saludos ceremoniales y los buenos deseos de Dhritarashtra, una formalidad inevitable aun en los peores tiempos. Después de estas cortesías Yudhistira, sentado en medio de sus aliados y seguidores, ordenó a Sanjaya que hablara abiertamente sobre su misión.

Sanjaya dijo:

–Esto es lo que nuestro rey y sus sabios consejeros, Bhishma y los demás, desean: paz, paz duradera entre los Pandavas y los Kauravas.

Yudhistira dijo:

–Claro, la paz es preferible a la guerra. ¿Quién desearía lo contrario? Pero Dhritarashtra es como quien ha dejado caer una antorcha encendida entre las hojas secas en un bosque y ahora, rodeado por las llamas, no sabe cómo escapar. El rey Dhritarashtra sabe lo que es correcto, pero quiere agradar a su hijo a cualquier precio, y le anima en su camino malvado. El único consejero cuerdo que le hablaba con valor era Vidura, y siempre ignoró sus consejos. Bien, Sanjaya, tú conoces la historia. Yo busco la paz, tal y como tú lo aconsejas. Devolvedme mi creación, Indraprastha. Aconseja a Duryodhana que haga esto en seguida y te aseguro que no habrá guerra.

Sanjaya respondió:

–La vida es pasajera, y tu fama y tu nombre vivirán para siempre. Transmitiré tu demanda en toda su firmeza, pero ésta es mi sugerencia: si ellos no ceden tu parte, creo que será preferible que vosotros viváis de limosnas en cualquier otro lugar a que adquiráis soberanía por la fuerza. Si así lo hubieras deseado, pudiste haber derrotado con facilidad a tus primos y mantenido tu trono cuando tuviste un ejército entero a tus órdenes. Pero dejaste pasar esa oportunidad. ¿Por qué? Porque no querías cometer un acto indebido, y el mismo principio debe cumplirse ahora. Por favor, evita una guerra, que causará la muerte de Bhishma, Drona, Kripa y todos nuestros mayores, además de Karna, Duryodhana y Aswathama. Piensa por un momento: ¿qué felicidad obtendrás de esa lucha y victoria, oh, gran señor? Dímelo.

—Como *kshatriya* –dijo Yudhistira– estaría faltando a mi deber si no recobrara mi reino por persuasión o… si me veo obligado a ello, por fuerza. No tengo dudas al respecto. Pero aquí está Krishna, el Omnisciente. Que él diga lo que sería correcto, si luchar o bien buscar la paz a cualquier precio.

Krishna se volvió hacia Sanjaya.

—En todos estos años –le dijo– Yudhistira no ha mostrado más que paciencia, mientras que los hijos de Dhritarashtra no han mostrado más que avaricia, y ahora es el momento de actuar y buscar los remedios adecuados. El universo entero y toda la naturaleza funcionan y mantienen la vida sólo mediante la combinación adecuada de acción y reacción. De otra forma, la creación se destruiría. No puedes fingir estar mejor informado que yo o Yudhistira en materia de códigos de conducta. Si estuvieras tan versado en los detalles del comportamiento, ¿por qué te quedaste mirando cuando Draupadi fue humillada en el salón de asambleas? Entonces no sentaste cátedra de moral ni de derecho. ¿Hiciste algún esfuerzo por detener el grosero discurso de Karna? ¿Por qué hablas ahora tan elocuentemente sobre lo que es correcto? Los hijos de Pandu están listos para servir a Dhritarashtra, pero también están preparados para la guerra. Que Dhritarashtra decida.

Yudhistira dijo:

—Queremos nuestra parte del reino o cuando menos un

gesto de justicia. Dadnos cinco aldeas, una para cada uno de los hermanos, y dejadnos en paz. Hasta eso acabaría con esta pelea.

Después de eso, Sanjaya se despidió ceremoniosamente y se fue.

Sanjaya llegó de noche a Hastinapura y al punto fue al palacio. Dijo al guardia de las estancias interiores:

–Infórmale al rey de que ha venido Sanjaya. Es un asunto urgente. Si el rey no está dormido, hazle saber que he vuelto de ver a los Pandavas y debo verle. No tardes. –El guardia volvió y le pidió que entrara.

El rey le recibió y le dijo:

–Sé bien venido de regreso; ¿y por qué tenías que esperar mi permiso para entrar, tú que no necesitas permiso, sino que puedes entrar a cualquier hora?

Sanjaya comenzó en seguida su informe:

–El hijo de Pandu desea la devolución inmediata de su reino. –Entonces comenzó a elogiar a Yudhistira y su firmeza de entendimiento de las virtudes, y concluyó–: ¡Oh, rey!, te has ganado una mala reputación en todas partes, y cosecharás la recompensa de ello en este mundo y en el siguiente. Apoyando a tu malvado hijo, esperas conservar tus riquezas y territorios mal habidos. Cuando tu hijo caiga en la perdición, te arrastrará consigo.

Dhritarashtra se sintió molesto con las palabras de Sanjaya. Se volvió hacia un asistente y dijo:

–Traed a Vidura inmediatamente. Debo verle al instante.

Cuando llegó Vidura, el rey se sintió aliviado, esperando que tendría palabras tranquilizantes para él, aunque Vidura siempre decía la verdad sin rodeos. Dhritarashtra dijo:

–Dime qué puede hacerse para uno que ha perdido el sueño y arde de ansiedad. Aconséjame adecuadamente, Vidura. ¿Qué camino debo tomar ahora, que haga justicia a los Pandavas y que beneficie a los Kauravas? Estoy consciente de mis errores de juicio, y vengo a ti con el corazón inquieto. Dime lo que verdaderamente crees que Yudhistira está pensando.

–Hasta cuando no se nos pide, uno debería siempre decir sólo la verdad, ¡oh, gran rey! No sigas un comportamiento que es claramente injusto; la felicidad está en hacer sólo lo correcto. Aquél a quien los dioses desean destruir será primero despojado de su buen juicio, y después se rebajará a cometer el peor de los actos. Provisto de las cualidades que le harían digno de gobernar los tres mundos, Yudhistira espera una palabra tuya y te obedecerá si tú eres justo. Déjale gobernar el mundo; expulsa a tus hijos, que son como víboras. Yudhistira es tu heredero legítimo. Dale su reino y también el tuyo sin demora, y serás feliz. Niega a Duryodhana y serás feliz.

A Dhritarashtra no parecían molestarle estos consejos, pero cambió de tema y comenzó a examinar ciertos puntos filosóficos sutiles:

–El sacrificio, el estudio, la caridad, la verdad, el perdón, la misericordia y la aceptación constituyen los ocho diferentes caminos de la rectitud, según dicen, ¿pero cuál es más importante?

Después de contestar a su pregunta, ocasionalmente echando mano de algún antiguo relato para ilustrar lo que decía, Vidura volvía al mismo refrán, preguntando:

–Si dependes de Duryodhana, Sakuni y Dussasana para gobernar tu reino, ¿cómo puedes esperar felicidad y tranquilidad mental?

Dhritarashtra evadía el tema, preguntando:

–El hombre no dispone de su destino. El Creador ha hecho al hombre un esclavo del destino, ¿así que cuál es …?

Cualquiera que fuera la pregunta, Vidura tenía preparada una respuesta, y en algún momento lograba insertar su consejo sobre la necesidad de deshacerse de Duryodhana.

Dhritarashtra ya estaba acostumbrado a aquellas respuestas, pero las pasaba por alto.

–¿Cómo debe clasificarse a los hombres? –preguntaba, y Vidura decía:

–Manu, el legislador, ha clasificado a diecisiete tipos de hombres insensatos, como los que golpean el aire con sus puños o intentan doblar al arco iris. ¡Oh, rey!, los Pandavas serán tus verdaderos salvadores.

–Los dioses, los hombres ecuánimes y los ilustrados prefieren a las "grandes familias"… Te pregunto, Vidura, ¿cuáles son esas "grandes familias" de las que hablan?

Vidura comenzaba a recitar al momento:

–Ascetismo, autocontrol, conocimiento de los *Vedas*, etc., etc.; esas familias en las que existen estas siete virtudes se consideran grandes –y volvía a su tema–: Aquel terrible día del juego, ¿acaso no te lo dije?, pero tu majestad desoyó mis palabras. ¡Oh, rey!, aprecia a los hijos de Pandu que han sufrido privaciones indecibles en el exilio.

Y preguntaba Dhritarashtra, con un apetito por las averiguaciones espirituales aparentemente insaciable: «¿cuáles son las verdaderas marcas de un *yogui*?» o «¿cuándo deja de actuar el deseo?». Para todas las preguntas Vidura tenía respuestas detalladas. Así la mayor parte de la noche pasó en inquisiciones filosóficas.

Finalmente Dhritarashtra admitió:

–Estoy de acuerdo con todo lo que dices. Mi corazón se inclina por los Pandavas tal y como tú lo deseas, pero tan pronto estoy cerca de Duryodhana, se inclina en la dirección contraria. Estoy perplejo, no sé qué hacer. No puedo escapar a mi destino, que acabará por arrastrarme hacia donde quiera. Mis propios esfuerzos serán fútiles, lo sé. Si queda aún algún tema que no hayas abordado, por favor continúa. Estoy listo para escuchar. Tus pláticas calman mi mente.

Vidura se sentía exhausto, pero no quería que el rey cayera en la apatía así que dijo:

—Voy a invocar al antiguo *rishi* Sanat-suya, quien lleva una vida de celibato en el bosque. Él te hablará sobre muchos otros temas.

Convocó con el pensamiento al antiguo *rishi* y, tras las cortesías acostumbradas Vidura le dijo:

—¡Oh, santo!, el rey tiene dudas cuyas respuestas están más allá de mi competencia. ¿Podrías discurrir con él para que pueda sobreponerse a sus penas?

Y luego Dhritarashtra preguntó:

—¡Oh, santo!, me dicen que opinas que no hay muerte. Los dioses y los *asuras* por igual practican la austeridad para evitar la muerte, lo cual quiere decir que creen en ella. ¿Cuál de estas opiniones es la correcta?

Sanat-suja dijo:

—El alma que se ve constantemente afectada por la búsqueda de objetos y experiencias se nubla.

Tanta abstracción parecía actuar como un tónico sobre el rey. Le preguntó al *rishi* sobre la naturaleza del *brahman*, lo Absoluto Supremo, cómo alcanzarlo, y demás cuestiones. Se pasó así la noche entera, y cuando llegó la mañana, Dhritarashtra estaba listo para ocupar su lugar en la corte.

Cuando todos estaban sentados, entró un mensajero que anunció:

—Ahí viene Sanjaya en la carroza despachada para encontrarse con los Pandavas. Nuestro enviado ha vuelto rápidamente, ya que de su vehículo tiran caballos del Sindh bien entrenados.

Sanjaya estaba ahora oficialmente de regreso de su misión. Tenía que observar ciertas formalidades en su discurso:

–Sabed, Kauravas, que acabo de volver de donde están los Pandavas. Los hijos de Pandu quieren que les ofrezca sus saludos antes de decir una palabra más.

Dhritarashtra preguntó formalmente:

–¿Qué mensaje nos traes de Dhananjaya y sus hermanos?

Sanjaya hizo un relato sincero de su visita. Entre otras cosas dijo:

–Cuando el mayor de los hijos de Pandu decida tensar la cuerda de su arco, su flecha volará cargada con la furia acumulada a lo largo de los años, y entonces los hijos de Dhritarashtra se arrepentirán de la guerra.

Bhishma estuvo de acuerdo con las palabras de Sanjaya, y describió la divinidad tanto de Krishna como de Arjuna, que fueron almas gemelas de una divinidad en vidas pasadas. Describió sus antecedentes y sus orígenes, y cómo juntos habitaban en distintas dimensiones y nacían y renacían juntos cuando las guerras se volvían necesarias, y cómo eran invencibles. Advirtió a Duryodhana:

–Prestas oídos sordos a todos los consejos excepto los de Karna, el mal nacido hijo de un cochero, de Sakuni, la vil serpiente, y de tu malvado y pecaminoso hermano, Dussasana.

Dhritarashtra pidió:

–Danos una estimación de la capacidad militar de los Pandavas y una lista de quiénes serán sus aliados.

Sanjaya no pudo contestar la pregunta en seguida; se entretuvo pensando un largo rato, comenzó una frase, se detuvo y se desmayó. Vidura gritó:

–¡Oh, rey, Sanjaya ha quedado inconsciente!

–¿Por qué? –dijo Dhritarashtra–. ¿Cuál puede ser la razón? ¿Se sentirá sobrecogido por el poderío de los Pandavas del que ha sido testigo?

Cuando Sanjaya volvió en sí, describió en términos exactos la fuerza de los Pandavas. No hubo duda alguna.

Dhritarashtra se alteró tanto al oírlo que se lamentó de su destino:

—Estoy atado a la rueda del tiempo y no puedo escaparme de ella. ¡Ay, tiempo maldito! Dime, Sanjaya, ¿a dónde iré? ¿Qué haré? Los Kauravas, los tontos, buscan destrucción y sin duda serán destruidos; su tiempo se acabó. ¿Cómo podré soportar el llanto de las mujeres cuando mis cien hijos acaben muertos? ¡Ay!, ¿cuándo me llegará la muerte? Como un incendio atizado por el viento de verano consume el pasto seco, así seré destruido yo con toda mi familia cuando Bhima levante su maza y Arjuna use su *Gandiva*. ¿Qué tonto se lanzaría voluntariamente al incendio, como una mariposa nocturna? No siento que sería adecuado luchar. Vosotros, Kauravas, pensáoslo. Evitemos esta guerra. No tengo duda de que Yudhistira será razonable.

Duryodhana trató de calmar a su padre:

—No debes llorarnos así, como si ya nos hubiera ocurrido una catástrofe. No temas, estamos confiados. Hace algunos días consulté a Drona, Bhishma, Aswathama y a nuestro maestro Kripa sobre lo que sucedería si estallara la guerra, con Krishna del lado de los Pandavas, y todo el mundo hablando mal de nosotros debido a los rumores que han esparcido. ¿Y sabes qué nos dijeron los maestros? «Si hay guerra, estamos contigo, no temas. Cuando entremos al campo nadie podrá derrotarnos», me aseguraron al unísono. Has de saber que estos gigantes entre los hombres se meterían en el mar o en el fuego por mí, y se ríen de tus lamentos. Bhima nunca será capaz de aguantar el golpe de mi maza. Arjuna no podría —ni siquiera con Krishna a su lado— con cualquiera de nosotros tres; no le sobreestimes por alguna experiencia reciente en que nos derrotó en un momento de descuido. Tenemos once *akshaunis* de tropas, ellos tienen sólo siete... ¿No ha dicho Brihaspati que «un ejército menor que otro por un tercio puede ser enfrentado fácilmente»?...Yudhistira sabe de nuestro poderío; por eso se ha rebajado de pedir el reino entero a pedir medio, y ahora suplica apenas cinco aldeas. ¿Pediría menos un hombre fuerte? Los Pandavas y nosotros somos del mismo patrón, así que ¿por qué has de pensar que sólo ellos podrán vencer? Prometo que mis amigos atraparán a los Pandavas como venados en la red del cazador, y entonces te mostraré un espectáculo más fastuoso del que presenciaste hace años en el salón de juego.

–Mi hijo habla como un loco o como alguien que sufre un delirio. Ahora ya presiento que los Kauravas morirán. ¡Ay, Sanjaya!, dime quiénes son los aliados que atizan el fuego de Yudhistira. ¿Cómo está Yudhistira?

En su pánico el viejo no era capaz siquiera de enunciar sus preguntas, no podía siquiera aclarar lo que quería preguntar. Se quejaba:

–¡Ay de mí, que tengo un hijo lo bastante loco como para querer pelear contra Yudhistira, Arjuna y Bhima! Duryodhana, devuélveles la mitad que les corresponde legítimamente. La mitad de un mundo es reino suficiente para ti. Bhishma, Drona, Aswathama y Salya, que te han prometido su apoyo, no aprueban lo que estás haciendo. Sé que por tí mismo no querrías esta guerra. Estás siendo espoleado por esos malvados compañeros tuyos: Karna, Sakuni y Dussasana.

–Si tú crees que los mayores no están dispuestos a pelear por mi causa, me desharé de ellos –dijo Duryodhana–. Puedo retar a los Pandavas a una batalla apoyándome sólo en Karna y Dussasana; no querré a nadie más. O yo acabo con los Pandavas y domino el mundo, o ellos acaban conmigo y dominan en mundo. Tendrá que ser una cosa o la otra. Lo sacrificaré todo, pero no viviré lado a lado con los Pandavas. Mi querido padre, entiende que no les cederé ni el territorio que cubre la punta de una aguja. Acabemos con esta inútil discusión, dándole vueltas y vueltas al mismo tema. Es hora de actuar.

Karna anunció:

–Tengo entre mis armas la Brahmastra, obtenida de Parasurama, quien me la transmitió con ciertas reservas. Puedo emplear este arma y erradicar a los Pandavas yo solo.

–Tu mente está nublada por la pretensión, Karna –dijo Bhishma–. Tú y tus armas seréis aplastados cuando Krishna decida atacar.

Karna estaba enfurecido por el comentario y dijo:

–Está bien, no pelearé… cuando menos hasta que tú hayas peleado y muerto. No tocaré mis armas mientras tú estés vivo.

Déscolgó su arco dramáticamente.

–¡Mi abuelo, Bhishma! –prosiguió–, de ahora en adelante me verás sólo en la corte, no en el campo de batalla. Cuando tú y los demás hayáis sido silenciados y eliminados, levantaré mis armas de nuevo y demostraré lo que puedo hacer. –Con esas palabras, salió rabiando de la reunión.

Bhishma se volvió hacia Duryodhana y dijo:

–Ahí va tu aliado, que te había prometido tanto apoyo. Sin su arco, ¿cómo te va a ayudar? Se le olvida cómo apenas escapó con vida en Virata –dijo riéndose, y dejó el salón.

Cuando estuvieron solos, Dhritarashtra le preguntó de nuevo a Sanjaya:

–Dime, Sanjaya, cuál es tu verdadera estimación de las fuerzas y puntos débiles de ambos bandos. ¿Tiene Duryodhana tan buena oportunidad como él cree? Debe ser así, de otra forma no estaría tan confiado de su victoria. ¿qué crees?

Sanjaya dijo:

–Señor, discúlpame; no te diré nada en forma secreta. Deja que tu reina, Gandhari, y el sabio, Vyasa, estén presentes cuando te hable. Ellos podrán quitar toda mala voluntad que provoquen en ti mis palabras.

Vyasa podía ser convocado con un pensamiento. Cuando se apareció, llamaron a Gandhari, y Sanjaya repitió otra vez todo lo que había dicho, estimando las fuerzas de ambos bandos tan bien como pudo. Gandhari rechazó con vehemencia la idea de la guerra, al igual que su hijo y sus aliados. Vyasa, que podía ver el futuro, le aseguró a Dhritarashtra que su final se aproximaba.

13. ACCIÓN

Yudhistira tuvo un remordimiento de conciencia. Sentado con sus hermanos y Krishna, preguntó súbitamente:

–¿Vale la pena este conflicto? –Volvió a explicar sus ideas–: Debemos evitar la guerra a cualquier precio, especialmente cuando estamos seguros de nuestra victoria. Ellos son, después de todo, nuestros parientes. Debemos hacer otro intento por hallar una forma en que los Kauravas y nosotros podamos vivir en paz. Exterminando a los Kauravas recuperaremos nuestros territorios, ¿pero nos traerá eso una felicidad duradera? Krishna, hay numerosos parientes de su lado; ¿cómo podemos matarlos? Dices que es el deber de un *kshatriya*. ¡Ay, maldigo haber nacido en esta casta! Las olas de violencia nunca cesan. La victoria crea animosidad; las hostilidades se mantienen dormidas, pero continúan. Aun si del otro lado sobrevive sólo un bebé, conservará ardiendo un rescoldo de odio, que puede luego atizar una conflagración. Para evitarlo, se considera necesario exterminar totalmente al banado contrario. Mi ser entero se estremece al pensarlo. La enemistad nunca queda satisfecha con más enemistad. La confianza en las proezas propias es una enfermedad incurable que corroe el corazón. Estamos listos para empapar la tierra con sangre para demostrar nuestros derechos y nuestro poderío. No es distinto al encuentro de dos perros hostiles, como lo han observado los sabios. Primero los dos perros se encuentran, sacuden sus colas, y luego vienen un gruñido y un ladrido, y rugidos y ladridos como respuesta, y luegodan vueltas cada uno alrededor del otro, muestran sus colmillosy vuelven a repetir sus rugidos y gruñidos. Luego pelean y muerden, y el perro más fuerte mata al otro y le arranca la carne y se lo come. El mismo patrón de conducta se observa, también, en los seres humanos. Debemos hacer un intento más por hacer que los Kauravas entiendan. ¡Oh, Krishna!, ¿qué hago? Aconséjame, guíame, por favor.

Krishna respondió:

–Porque tú lo pides visitaré a los Kauravas en su corte. Si consigo la paz sin afectar tus intereses, lo haré.

En ese momento, Yudhistira tuvo otra duda.

–Todos los que apoyan a Duryodhana, gente mala, estarán reunidos allí –dijo–. Me pone nervioso dejarte ir entre ellos. Pueden hacerte daño.

Krishna, quien, después de todo, era un dios y se sentía confiado, dijo:

–No te preocupes por mí. Si hacemos este último intento por evitar la guerra, quedaremos libres de culpa. Si tratan de hacerme daño, yo me las arreglaré. No te preocupes por mí. Voy ahí sólo para borrar cualquier duda que los demás puedan tener sobre la absoluta vileza de Duryodhana, eso es todo. No espero poder convertirlo de ninguna forma. Sólo voy por ti. Prepárate, encárgate de los detalles, reúne todo lo que necesites para una guerra.

–Krishna, no les amenaces –dijo Bhima–. Duryodhana es hostil y arrogante, pero no debe ser tratado con rudeza. Por favor, sé suave con él. Todos nosotros, Krishna, preferiríamos sufrir en el anonimato antes que ver destruida la dinastía de los Kuru.

Al oír estas palabras de Bhima, Krishna se rió a carcajadas y comentó:

—¿Quién habla así? ¿Es Bhima, también llamado Vrikodhara,[1] o es alguien más? De pronto los montes han perdido su peso y su altura, y el fuego se ha enfriado. ¡Cuántas veces te he visto, sentado solo, hablando de venganza, empuñando tu maza y profiriendo las más temibles maldiciones hacia los de Hastinapura! ¿Es éste el mismo hombre que habla ahora? Cuando se acerca el momento de luchar, el pánico se apodera de ti. ¡Ay, no muestras hombría, sino que te comportas como un niño asustado! ¿Qué les ha ocurrido a todos? Recuerda tu propia fuerza y tus promesas, Bhima, y no flaquees. Sé firme.

Bhima bajó la cabeza avergonzado y dijo:

—Si tengo que enfrentarme al mundo entero, no titubearé. Pero ahora hablo por compasión y por la oportunidad de salvar a nuestra estirpe; eso es todo.

Arjuna dijo:

—La paz, si se consigue sin ceder, hay que procurarla. Así, Krishan, por favor haz un último intento. —También Nakula defendió abordar la cuestión amigablemente.

Sólo Sahadeva, entre todos los hermanos, quería que el enviado diera un ultimátum:

—Incluso si los Kauravas quieren paz, provócales a una guerra. ¿Cómo, recordando el agravio a Panchali aquel día en el salón, puedo yo estar satisfecho con cualquier cosa menos que la muerte de Duryodhana? Si mis hermanos están dispuestos a practicar la virtud y la moral, yo iré solo y mataré a Duryodhana. Es el propósito más grande de mi vida.

Satyaki aplaudió a Sahadeva y agregó:

—Yo no descansaré hasta no verter en combate la sangre

---

1. *Vrikodhara* significa "el que no titubea".

de Duryodhana y hablo en nombre de todos los guerreros reunidos aquí. –Con esto la compañía entera lanzó un gran grito de alegría.

Draupadi se acercó a expresar su opinión. El cambio de opinión de los cuatro hermanos la indignaba.

–¡Oh, Krishna!, las escrituras dicen que es pecado matar a una persona inofensiva, y las mismas escrituras declaran que no matar a quien lo merece es pecado. ¿Ha habido alguna otra mujer como yo sobre la tierra? Nacida del fuego, hija del gran Drupada, hermana de Dhrishtadyumna, nuera de Pandu, esposa de cinco héroes de este mundo, y por ellos madre de cinco hijos.[2] De cualquier forma, fui arrastrada del cabello e insultada por hombres depravados bajo las narices mismas de estos héroes, y ellos permanecieron sentados observando mi dolor. No sé qué habría pasado si tú, Krishna, no hubieras acudido a mi llamada de auxilio. Y ahora hasta Bhima habla de moral. No hay nadie que me ayude... Pero, aunque mis esposos me abandonan, mis hijos son dignos de levantarse en armas y vengar los males que hemos sufrido...

–Las lágrimas no la dejaban hablar y concluyó–: ¡Oh, Krishna, si deseas hacerme un favor, no dejes que tu ira sea mitigada por lo que dicen mis esposos, y deja que queme a los hijos de Dhritarashtra! –y se desplomó llorando.

Krishna la consoló con esta promesa:

–Que no te quede duda. Los males que has sufrido serán vengados. Pronto, por desgracia, llegará el turno de sus mujeres de lamentarse y llorar. El día se acerca. No temas.

Cuando Krishna partió hacia Hastinapura se manifestaron allí varios presagios. De un cielo claro brotaron truenos

---

2. Los cinco hijos de los Pandavas estaban creciendo bajo la custodia de Krishna en Dwaraka.

y relámpagos; nubes ligeras dejaron caer lluvias torrenciales; siete ríos cambiaron su dirección y fluyeron hacia el poniente; los horizontes se volvieron brumosos e indistinguibles. Se oyeron fuertes rugidos provenientes de fuentes invisibles en el cielo; se desató una tormenta y varios árboles quedaron desarraigados. Sin embargo, por donde pasaba la carroza de Krishna caían flores del cielo y soplaba una brisa refrescante.

Los espías habían llevado informes de la salida de Krishna hasta Hastinapura, y Dhritarashtra estaba emocionado. Al punto ordenó que se erigieran a lo largo de toda la ruta arcos de bienvenida y se construyeran pabellones, lujosamente amueblados y provistos de comida y bebidas, en donde se ofrecía entretenimiento de todo tipo al visitante y a su séquito.

Dhritarashtra convocó a Vidura y le dijo:

–Quiero honrar a nuestro visitante con los más finos regalos: dieciséis carrozas de oro, tiradas por los más finos caballos, cada uno atendido por un palafreno; diez elefantes con colmillos como rejas de arado; cien esclavas de piel dorada, todas vírgenes, y el mismo número de sirvientes; dieciocho mil mantas, suaves como plumas de cisne, que nos regalaron los montañeses que hilan la lana de los corderos del Himalaya; mil pieles de venado traídas de China; las más finas gemas que poseemos. Todo ello es digno de nuestro grande y honorable invitado. Todos mis hijos menos Duryodhana esperarán en los límites de la ciudad para recibir a Krishna. Que todos nuestros ciudadanos se dispongan a lo largo del camino, que ha de estar mojado para que no se levante el polvo –y continuó elaborando sus planes.

Vidura, como siempre un crítico sincero, dijo:

–Se merece todo esto y más. Pero, majestad, conozco tu propósito secreto. Los Pandavas desean sólo cinco aldeas;

puedes complacer al visitante cediéndoles esas cinco aldeas en lugar de todos estos lujos y gemas. Sólo piensas ganarte a Krishna con tus sobornos. No tendrás éxito. Dale lo que viene a buscar: paz y justicia. Compórtate como un padre también con los Pandavas, pues ellos siempre te tratan con el mayor afecto y respeto filial. Krishna está tratando de hablarte de la necesidad de que los Pandavas y Kauravas vivan en paz. Debes tratar de lograrla en lugar de ofrecerle vírgenes, gemas, y los otros regalos.

Duryodhana entendió la declaración de Vidura a su propia manera y declaró:

–Estoy de acuerdo con Vidura. No debes dar a Kesava[3] más que una bienvenida de honor. Y después… –se rió entre dientes mientras agregó–: lo mantendremos como nuestro honorable… prisionero. Cuando esté atrapado, los Pandavas se derrumbarán y se convertirán en nuestros esclavos. Ahora, si quieres aconsejarme, dime cómo lograr mejor mi objetivo sin provocar la suspicacia de Krishna cuando llegue mañana por la mañana.

Dhritarashtra se sintió sorprendido por las palabras de su hijo.

–Nunca hables así otra vez –le contestó–. Viene como embajador y no le ha hecho daño a nadie. ¿Qué maldad nunca antes soñada te llena la mente?

Krishna fue recibido en las afueras de la capital por Bhishma, Drona, Kripa y otros, además de una multitud de miles de ciudadanos. Al llegar, Krishna se dirigió directamente hacia el palacio para visitar formalmente a Dhritarashtra. Después visitó a Kunthi en su residencia para darle

3.   Otro nombre de Krishna.

noticias de sus hijos, de los cuales había estado separada más de trece años.

Dijo:

—Cuando lo pienso, la suerte de mi nuera me llena de tristeza más que la de mis hijos. Casada con esos hombres heroicos, y ni así tuvo protección ni paz, y ha estado separada de sus hijos todos estos años. Es inimaginable cómo pudo haber soportado esta ansiedad particular, además de todas las otras. Dile a mis hijos que es hora de actuar. Si dudan y se retrasan, se estarán volviendo despreciables y les desheredaré para siempre.

Krishna dijo:

—Pronto los verás como amos de la tierra, y a sus enemigos vencidos y enterrados.

A la primera oportunidad, Duryodhana le dijo a Krishna:

—¡Oh, grandioso!, debes comer en mi casa hoy. Preparé un gran banquete en tu honor.

Krishna respondió:

—No, no puedo aceptar tu hospitalidad.

—¿Por qué? A ti no te tenemos ninguna animadversión. Tu respuesta es grosera.

—Uno debe aceptar comida sólo si está desesperado o si quiere a la persona que la ofrece. Yo no estoy desesperado. Tampoco tú has hecho que te quiera con ninguno de tus actos. Sin ninguna razón conocida odias a los Pandavas, que no te han causado daño alguno. Quien odia a los Pandavas me odia a mí; quien los quiere, me quiere; eso es todo. No puedo comer de tu alimento, que me parece estar contaminado de maldad.

En lugar de ello, Krishna fue a casa de Vidura y comió allí. Vidura le advirtió:

—Ese tonto, Duryodhana, cree que ya está logrado su propósito con haber reunido un gran ejército. No está dispuesto a escuchar a nadie. Tengo miedo de que vayas a esa malvada asamblea a decir lo que piensas. No servirá para ningún propósito que vayas entre ellos. Por favor, mantente alejado de ellos.

A Krishna no lo afectaron aquellos miedos y al día siguiente se apareció en el pleno de la asamblea. Allí dio rienda suelta a sus sentimientos y explicó su misión sin ambigüedad, ofreciendo paz con una mano y el ultimátum con la otra.

Duryodhana se enojó con las palabras de Krishna.

–No veo por qué tengo que pedir disculpas –dijo–. ¿Qué he hecho? Gané el juego. No entiendo por qué me estáis echando siempre la culpa, como si hubiera cometido un hecho atroz. Los Pandavas fueron derrotados en el juego por Sakuni y perdieron su reino, eso es todo. Se lo devolví al final, pero volvieron a perder y se fueron al exilio. ¿De quién es la culpa? ¿Quién obligó a Yudhistira a regresar y jugar por segunda vez? ¿Por qué piensan ellos en mí como en su enemigo? ¿Por qué tienen que culparme a mí por su mala suerte y su incompetencia en el juego? Ahora buscan pelear con nosotros como si tuvieran fuerzas. Por favor, disuádelos de tomar esta medida suicida. Diles, Kesava, que mientras viva y respire no les daré nada de tierra, ni siquiera la que se necesita para cubrir la punta de una aguja. Es mi decisión final.

–Ay, tienes una conciencia adormecida –dijo Krishna–. Crees que no has hecho mal alguno. Que juzguen los hombres eminentes reunidos aquí… –y volvió a contar la historia del conflicto de principio a fin, advirtiendo a Duryodhana de vez en cuando sobre las consecuencias que podría acarrearles su actitud.

Dussasana, al ver que los mayores apoyaban a Krishna, dijo con descaro a su hermano:

–Si no haces la paz con los Pandavas, Drona, Bhishma y nuestro propio padre nos atarán de manos y pies y nos entregarán a los Pandavas.

Con esto, Duryodhana miró con furia a los que estaban allí reunidos y salió caminando del recinto. Le siguieron su hermano, sus aliados y sus consejeros, dejando al embajador sin público para su mensaje.

Krishna dijo:

–Rey, ha llegado el momento de que detengas y aprisiones a este hijo tuyo con sus cómplices, como sugiere el propio Dussasana. Prívalo de su autoridad y haz la paz con los Pandavas. Salva a tu estirpe de la extinción.

Dhritarashtra se puso nervioso y pidió a Vidura que llamara al momento a Gandhari:

–Si ella tiene alguna influencia sobre ese demonio, quizá todavía podamos salvarnos.

Trajeron a Gandhari a toda prisa, y Dhritarashtra le explicó la situación. Ella le ordenó a un asistente que trajera de inmediato a Duryodhana. Luego regañó a su esposo ciego, culpándole de la desvergüenza de Duryodhana por haberse mostrado siempre indulgente con él. Cuando se apareció Duryodhana, lo aleccionó, aunque él respiraba pesadamente ("como serpiente") y con ojos enrojecidos ("cobrizos de furia"). Gandhari habló de la futilidad de la guerra y del pecado de la avaricia, pero Duryodhana desoyó sus consejos y, mientras ella hablaba, se marchó otra vez.

Fuera del recinto consultó a Sakuni, Dussasana y Karna, y llegó a la conclusión de que era hora de actuar.

–Tomaremos a este Krishna por la fuerza, lo encerraremos en una prisión y después nos enfrentaremos a los Pandavas y los eliminaremos en un tris. Que Dhritarashtra grite y proteste, pero ejecutaremos nuestro plan.

–Al enterarse del plan, Satyaki reunió a sus tropas, se

preparó para defender a Krishna y entró al salón para advertirle.

Cuando Krishna oyó la noticia dijo a Dhritarashtra:

–Si quieren apresarme violentamente, que lo hagan. Yo puedo castigar a todos estos hombres descarriados, pero me abstendré de tales actos en tu augusta presencia. Les dejaré que traten de atraparme si lo desean.

Dhritarashtra se desesperanzó, suplicando tiempo para intentar una vez más disuadir a Duryodhana de su plan malvado. Cuando Duryodhana volvió a entrar, rodeado de sus seguidores, Dhritarashtra volvió a hablarle enérgicamente, pero no tuvo ningún efecto. También Vidura le habló largamente.

Finalmente el propio Krishna dijo:

–Suyodhana,[4] eres un ser engañado. ¡Planeas atraparme y detenerme, pensando que estoy solo! –Se rió y dijo–: Mira ahora…

Produjo una visión multidimensional de sí mismo, rodeado por los Pandavas y todos los dioses, y todos los ejércitos del mundo. Era imposible atraparlo por ningún lado. Se dice que Dhritarashtra recuperó momentáneamente la vista para contemplar aquella gran visión y luego rogó que se le dejara ciego otra vez para no ver con sus propios ojos la destrucción de su estirpe.

Tras concederle esta visión, Krishna volvió a adoptar su forma mortal y salió caminando de la reunión. Cuando estuvo listo para encaminarse hacia Upaplavya, todos los Kauravas de la corte despidieron con respeto. Antes de partir, Krishna se volvió hacia Karna y sugirió:

–¿Por qué no vienes conmigo en mi carroza? –Karna obedeció inmediatamente, con su propia carroza siguiéndolo.

---

4. Otro nombre de Duryodhana.

En el camino Krishna le habló con afecto extremo y trató de alejarlo de los Pandavas. Le explicó sus orígenes; cómo sería considerado el mayor de los Kauravas; cómo sería el sucesor, en cuanto se hubiera ganado la guerra; y cómo Yudhistira, siendo menor que él, sería su heredero forzozo. Karna sencillamente dijo:

–Entiendo tu cariño, que te hace prometerme eso, pero, Janardana, no puedo aceptar tu sugerencia. Estoy en deuda con Duryodhana por su apoyo durante todos estos años. ¿Cómo puedo renunciar a él, aunque sepa que estamos perdidos?

–Tu lealtad es comprensible, pero destructiva, no natural. Tienes talento y eres muy inteligente, pero debes discernir y entender lo que está bien y lo que está mal. Tu amistad no le ayuda a Duryodhana; sólo estás apoyando su decisión perversa, que con certeza conducirá a la muerte.

Krishna detuvo su carroza para que Karna pudiera subir a la suya y volver a Hastinapura. Antes de marcharse, Karna dijo:

–Si muero en la guerra, me haré merecedor de uno de los asientos celestes reservados para los guerreros. Una vez allí espero tener el honor de encontrarte de nuevo y seguir contando con tu gracia.

Krishna dijo:

–Que así sea –y le dio un mensaje de despedida–. Cuando vuelvas, diles a Drona y a Bhishma que éste es un mes apropiado; hay comida, bebida y combustible en abundancia; los caminos están secos, libres de lodo; el clima es placentero y moderado. Después de siete días tendremos una luna nueva. Comenzaremos entonces la batalla.

Al día siguiente, Kunthi llegó a casa de Karna para convencerle de que abandonara a Duryodhana. De nuevo explicó los orígenes de Karna, y cómo debía ser considerado como uno más entre los Pandavas.

Karna dijo:

–Te respeto y te creo, pero no puedo aceptar tus palabras con la autoridad de una madre. Encontraste posible abandonarme y echarme río abajo. Los padres que he conocido son el *suta* y su esposa, que me salvaron y alimentaron. Lucharé por el hijo de Dhritarashtra hasta que no me quede más que una pizca de aliento. No obstante, por respeto a tus deseos lucharé contra Arjuna, pero contra nadie más. Nunca me enfrentaré a los otros cuatro. Lo prometo: si sobrevivo yo o sobrevive Arjuna, seguirás teniendo cinco hijos.

Kunthi lo abrazó y lloró, y dijo:

–Muy bien, has prometido no eliminar a mis otro cuatro hijos. Pero recuerda tu promesa cuando tenses la cuerda de tu arco. ¡Ay, destino, destino!, ¿qué puedo hacer? Mis bendiciones y hasta luego.

14. UN HÉROE VACILANTE

Cuando Krishna volvió y explicó los resultados de su misión, Yudhistira se volvió hacia sus hermanos y dijo:

–Habéis oído la última palabra del otro bando. Hemos reunido siete *akshaunis* de tropas. Tenemos a siete distinguidos guerreros cada uno de los cuales puede dirigir una división: Drupada, Virata, Dhristhadyumna, Sikandi, Satyaki, Chekitana y Bhima, todos ellos familiarizados con los *Vedas*, valientes y expertos en la ciencia de la guerra; todos familiarizados con el uso de toda clase de armas. Ahora necesito sus consejos sobre quién deberá ser el comandante supremo. Del otro lado, Bhishma será con certeza el general en jefe.

Se adelantaron muchos nombres, pero finalmente, por sugerencia de Krishna, el hermano de Draupadi, Dhrishtadyumna, fue nombrado comandante supremo.

Al acercarse el momento de la batalla comenzaron los movimientos de las tropas, provocando un gran estruendo: caballos relinchando, elefantes trompeteando, sus jinetes gritando y animándolos por encima del ruido de los tambores, caracolas, y el paso de ruedas de carrozas. Yudhistira supervisó en persona el transporte de provisiones de alimento y comida para animales. Reunió tiendas de campaña, arcones llenos de dinero, máquinas de guerra, armas y medicinas, y dispuso que cirujanos y médicos siguieran al ejército. Dejó a Draupadi en Upaplavya, protegida por un poderoso contingente.

Yudhistira marchó a la cabeza de las tropas que avanzaban. En la retaguardia estaban Virata, Dhrishtadyumna, los hijos de Virata, cuarenta mil carros de guerra, caballería e infantería. Yudhistira acampó en la parte llana de un campo llamado Kurukshetra, que estaba a una buena distancia de cementerios, templos y otros lugares consagrados. Krishna construyó una represa en un arroyo cercano para proveer agua, y apostó a un cuerpo poderoso de tropas para protegerlo. En los alrededores se levantaron miles de tiendas de campaña, provistas de abundante comida y bebida. Se apilaron enormes cantidades de armas y cotas de malla.

En Hastinapura se reunieron millones de soldados y se movieron al frente. Duryodhana dividió a sus once *akshaunis* de tropas –hombres, elefantes, carros de guerra y caballos– en tres clases –superior, media, e inferior. Además de armas normales, su arsenal consistía de vasijas de barro llenas de serpientes venenosas o material inflamable, aparatos extraños para lanzar resina ardiente, dardos venenosos y enormes jeringas para disparar aceite hirviendo. Colocó a los *akshaunis* de tropas bajo el mando de Kripa, Drona, Salya, Dussasana y los demás. Su comandante supremo, como se esperaba, era Bhishma. Karna le recordó a todos su promesa de no pelear hasta que Bhishma muriera en la batalla.

Duryodhana ordenó a los músicos que tocaran sus instrumentos, hicieran sonar los tambores, y soplaran las caracolas. De pronto, en medio de estas celebraciones aparecieron malos augurios. No había nubes en el cielo, pero cayó una lluvia del color de la sangre que dejó el suelo enlodado. Ocurrieron tornados y terremotos. Cayeron meteoritos. Aullaron los chacales.

Sanjaya, a quien había sido otorgada una visión extraordinaria que le permitía seguir la batalla desde su asiento en el salón del palacio, le describió los ejércitos a Dhritarashtra. Describió la formación de las tropas enfrentándose al oriente y poniente del campo Kurukshetra. Al amanecer se habían hecho todos los preparativos y ambos bandos estaban listos para luchar.

Dirigido por Krishna, el carro de Arjuna estaba estacionado en un punto estratégico del frente desde el que él, Arjuna, podía ver a todos los personajes que se enfrentaban a él. Reconoció a cada uno, y súbitamente se descorazonó. Allá estaban todos sus parientes, su *guru*, su tío, su abuelo y sus primos, esperando para ser heridos y acabar muertos. De pronto se sintió débil e indeciso. Le confesó a Krishna:

–No puedo seguir adelante con esta guerra. Mi Gandiva se resbala de mis manos, mi mente está dispersa; ¿cómo puedo matar a mis familiares? No quiero el reino; no quiero nada. Déjame solo. Deja que me vaya.

La Gandiva cayó de sus manos, y se sentó en el suelo de su carro y comenzó a sollozar.

–¿Cómo puedo dirigir mi flecha hacia Bhishma o Drona, a quien debería adorar? No sé si haya algún reino que valga la pena ganar después de haberse derramado tanta sangre. ¿Qué vale esa victoria? –Así se lamentaba.

Cuando Arjuna se calló después de haber manifestado todos sus sentimientos, Krishna dijo calladamente,[1]:

–Te agobia la pena de pensar en aquellos que no merecen consideración.

Entonces Krishna comenzó a predicar en tono tranquilo una filosofía profunda de la conducta desprendida. Analizó

---

1. Esta parte de la epopeya se conoce como La *Bhagavad-Gita*, un texto clásico de la filosofía hindú en dieciocho capítulos.

las categorías y sutiles cualidades de la mente que dan lugar a distintos tipos de acciones y respuestas. Definió la verdadera naturaleza de la personalidad, su alcance y carácter en relación con la sociedad, el mundo y Dios, y definió la existencia y la muerte. Explicó los diferentes tipos de *yoga*, y cómo se debe alcanzar la inmortalidad del alma que está encapsulada en el cuerpo mortal. Una y otra vez Krishna enfatizó la importancia de cumplir con el deber propio con distanciamiento y espíritu de dedicación. Arjuna escuchó reverentemente, interrumpiendo de vez en cuando para aclarar una duda o pedir una explicación. Krishna contestó a todas sus preguntas con gracia suprema, y finalmente le concedió la visión de su verdadera grandeza. Krishna, a quien había tomado por un compañero, de pronto se transformó: era Dios mismo, multidimensional y llenándolo todo.

El tiempo, las criaturas, amigos y enemigos, todos quedaban absorbidos en el ser cuya grandeza llenaba el espacio entre el cielo y la tierra, y se extendía de horizonte a horizonte. El nacimiento, la muerte, la matanza, la protección y todas las actividades parecían ser parte de este ser, nada existía más allá de él. La creación, la destrucción, la actividad y la inactividad, todo formaba parte de este gran ser, cuya visión llenó a Arjuna de terror y de éxtasis. Gritó:

—¡Ahora lo entiendo!

El Dios declaró:

—Soy la muerte, soy la destrucción. Estos hombres que están frente a ti ya están muertos debido a su propio *karma* tú serás sólo un instrumento de su destrucción.

—¡Oh, Gran Dios! —dijo Arjuna—, se acabó mi debilidad. No tengo más dudas —y levantó su arco, listo para la batalla. Krishna entonces volvió a asumir su apariencia mortal.

Cuando Arjuna fue visto empuñando de nuevo su arco,

un gran alivio recorrió a las tropas de los Pandavas. En el momento en que esto sucedió, y cuando la batalla estaba a punto de comenzar, para sorpresa de todos Yudhistira cruzó al lado contrario, después de haberse quitado su armadura y su cota de malla. Al principio los Kauravas pensaron que se acercaba a pedir paz, habiéndose puesto nervioso en el último momento. Pero Yudhistira se dirigió directamente a su maestro, Drona, y le hizo una reverencia, tocó los pies de su tío abuelo, Bhishma, y de los otros mayores, y volvió a su puesto. Habiéndose colocado su cota de malla y su armadura, dio la señal de ataque.

La batalla en el campo de Kurukshetra habría de durar dieciocho días, algunas veces a favor de un bando y otras veces del otro. Estaba estrictamente sobreentendido que la acción debía comenzar al amanecer y acabar con el crepúsculo, pero al pasar los días esta restricción no se observó siempre. Algunas veces la batalla se prolongaba hasta la noche, cuando los ejércitos peleaban a la luz ayuda de hogueras y antorchas. Normalmente dejaban de luchar al caer el sol, y se retiraban a sus respectivos campamentos para evaluar la acción del día y planear la estrategia del día siguiente. Por la noche los soldados se relajaban cantando y bailando.

Cada día se alteraban las posiciones de las tropas. Ambos bandos contendientes trataban de obtener información sobre las intenciones del otro y planear una contramaniobra. Según las necesidades del momento, los generales ordenaban varios tipos de formaciones de sus tropas. Si las tropas de un lado estaban formadas en *makara*, el pez, las del otro adoptaban la forma de *krauncha*, la garza, para que la formación y el ataque siguieran una secuencia lógica. Los comandantes escogían la posición, movimiento, y formación de las tropas. Cada mando de una unidad tenía que decidir por cuenta propia cómo actuar mejor bajo circunstancias dadas.

Al tercer día, Bhishma tenía al ejército Kaurava en formación de águila. Para contrarrestar esta formación había que adoptarla de media luna, con Bhima y Arjuna en cada una de las puntas, que se cerrarían por ambos lados en un movimiento de pinza.

Cada día había regocijo de un lado y desesperanza del otro, un vaivén de esperanza y desesperanza. Algunas veces, al contar sus bajas, los Pandavas se sentían perdidos, pero Krishna, siempre del lado de Arjuna, les levantaba el ánimo con sus palabras de aliento. Todos los días ocurrían de ambos lados pérdidas desalentadoras de hombres, caballos y jefes, y el suelo se empapaba de sangre.

15. DELIRIO DE DESTRUCCIÓN

En el primer día de batalla,[1] el movimiento inicial lo hizo Bhima, dirigiendo a su regimiento. Se arrojó a la acción con gusto, rompiendo con las ataduras y la represión de catorce años. Abhimanyu, el hijo de Arjuna, el guerrero más joven del campo, se unió a la lucha y escogió bien sus objetivos. Bhishma, su bisabuelo, fue el primero, y sus flechas lo atravesaron en nueve lugares. Bhishma, aunque admiraba el ánimo del joven, respondió sin piedad.

Arjuna le dijo a Krishna:

—Llévame cerca de Bhishma. A menos que acabemos con el gran viejo, no sobreviviremos; está resultando letal.

Aunque Bhishma tenía una guardia de guerreros especialmente escogidos, el ataque de Arjuna fue inmisericorde.

Duryodhana, observando el curso de la batalla, se puso nervioso. Arengó a Bhishma, casi regañándolo:

—Esta combinación de Krishna y Arjuna amenaza con

---

1. He omitido muchos de los detalles de la batalla, pasado por alto los movimientos de rutina, y tratado como viñetas de la guerra sólo a los personajes más importantes, sus estrategias y los resultados de sus acciones. De otra forma es probable que el lector se habría sentido confundido y cansado por la mera cantidad de detalles que se encuentran en el texto original.

eliminarnos. Karna, de quien siempre puedo depender, no peleará, sino que se mantendrá a un lado mientras tú estés vivo.

Bhishma dijo:

—¿Estás sugiriendo que me inmole y deje el camino libre para Karna?

Duryodhana, disculpándose, explicó:

—Por favor, actúa con rapidez y aparta a Arjuna del camino.

En esto, Bhishma disparó una flecha que sacó sangre del pecho de Krishna, pero no lo afectó. Pero, al verlo, Arjuna se enfureció y reforzó su determinación de acabar con Bhishma, cuyos guardaespaldas iban cayendo uno a uno. Se atacaron y contraatacaron y llegaron a estar tan cerca uno del otro que a veces sus carros de guerra sólo podían identificarse por las banderas que ondeaban sobre ellos. Pero el encuentro quedó inconcluso.

En otro sector, Drona y Dhrishtadyumna estaban enzarzados en un combate a muerte. Dhrishtadyumna había esperado esta oportunidad toda su vida.[2] El conductor del carro de Dhrishtadyumna murió tras un flechazo de Drona. Dhrishtadyumna tomó su maza, saltó de su carro, y avanzó a pie. Una flecha de Drona derribó su maza, pero Dhrishtadyumna desenvainó su espada y saltó hacia delante. Drona volvió a detener el golpe. En ese momento, Bhima llegó al rescate de Dhrishtadyumna y se lo llevó en su carro.

Los Kauravas concentraron su ataque sobre Arjuna y lo rodearon, pero él siempre se mantuvo protegido por un flu-

---

2. Su nacimiento, como se recordará (página 53), se produjo para restablecer el honor de su padre. La deshonra, la derrota y la larga animosidad entre Drupada y Drona estaban llegando a su conclusión en aquel momento.

jo perpetuo de flechas que giraban a su alrededor. En otra parte del campo de batalla, Sakuni dirigía una fuerza en contra de Satyaki y Abhimanyu.

Bhima y su hijo Gatotkacha[3] peleaban contra las unidades de Duryodhana, pero Bhishma y Drona se unieron para rescatar a sus fuerzas y reagruparlas. De nuevo Duryodhana reprochó a Bhishma:

–Te quedaste mirando con admiración mientras las fuerzas de Bhima acababan con las mías. ¡Les tienes afecto a los Pandavas incluso a estas alturas! Sé que puedes lidiar con ellos si te lo propones.

Bhishma sólo sonrió y dijo:

–¿Sabes qué edad tengo? Estoy haciendo lo mejor que puedo, eso es todo, eso es todo. –Pero se sintió herido por la falta de consideración de Duryodhana y entró en acción, atacando al enemigo con vigor renovado. El ejército Pandava empezó a dispersarse.

Krishna animó a Arjuna a entrar en acción.

–Si no atacas de inmediato a tu abuelo, todo estará perdido. Titubeas ante la idea de enfrentarte a él. Debes sobreponerte a tu falta de decisión para tocarlo.

Mientras carro de Arjuna se aproximaba a Bhishma, éste le sometió a una lluvia de flechas, pero las evadieron con tal agilidad y rapidez que Bhishma, aun siendo el blanco del ataque de las flechas de Arjuna, gritaba: «¡Bravo! ¡Bravo!» Arjuna logró romper el arco de Bhishma, pero éste se limitó a tomar otro.

A Krishna le parecía que estaban montando una representación, y estaba insatisfecho con el papel de Arjuna.

---

3. Ghatotkacha, recordémoslo (página 49), era hijo de Bhima y Hidimba, una mujer demonio que lo había amado durante su estancia en los bosques. Siempre se aparecía cuando Bhima necesitaba su ayuda.

Krishna detuvo el carro y saltó afuera, levantando su disco.[4]

–Mataré a este gran guerrero yo mismo –dijo–. Sé que tú no lo harás.

Al avanzar hacia Bhishma, éste le dijo extasiado:

–Bien venido, Señor del Universo. Deja que mi alma sea liberada por tu mano divina; ésa será mi salvación.

Arjuna siguió a Krishna, pidiendo desesperadamente:

–¡No, no lo hagas! ¡Recuerda que prometiste no usar tus armas¡ ¡Detente! ¡Te lo prometo, atacaré a Bhishma!

Krishna fue apaciguado, y al acabar aquel día Arjuna ya había destruido gran parte de las fuerzas Kauravas.

Al comenzar el día siguiente, a pesar de sus pérdidas, los Kauravas se veían extremadamente bien ordenados y optimistas. Arjuna observó su disposición y vio a su hijo Abhimanyu lanzarse al ataque. Fue rodeado de inmediato por Salya, Aswathama y un buen número de guerreros veteranos. Arjuna fue a ayudarlo, junto con Dhrishtadyumna. A su vez, Duryodhana y sus hermanos ayudaron a Salya, y Bhima y su hijo Ghatotkacha fueron a apoyar a los Pandavas.

Duryodhana enfrentó esta embestida con un ataque de su fuerza de elefantes. Bhima se bajó de su carro con su maza de acero en la mano y atacó y destruyó a los elefantes. Sus cadáveres quedaron desperdigados como montañas; los que sobrevivieron corrían por todas partes en una lúgubre estampida. Mientras escapaban, atropellaban a soldados de su propio bando, creando así una escena de confusión innenarrable. Mientras las flechas volaban, Bhima se montó de nuevo en su carro y le dijo a su conductor:

---

4. El disco se usaba como arma. Impulsado por un mantra, busca el objetivo enemigo y lo destruye decapitando a la persona.

–Ahí delante veo a todos los malvados hermanos de Duryodhana. Sigue adelante, los despacharemos a todos; están listos para el mundo de Yama.

Aquel día acabó con ocho de los hermanos de Duryodhana, comentando satisfecho:

–El viejo tuvo la previsión de traer al mundo cien hijos.

Duryodhana luchó con vigor; hasta Bhima fue golpeado y quedó temporalmente aturdido. Entonces, su hijo Ghatotkacha atacó al ejército Kaurava como un ciclón, aplastándolo.

–Ya no podemos pelear contra este *rakshasa* –dijo Bhishma–. Debemos detenernos por hoy. Nuestras tropas están cansadas y fatigadas.

Al sexto día, Arjuna decidió ponerle fin a Bhishma, cuyos ataques le estaban causando gran daño. Mandó traer a Sikandi,[5] lo colocó frente a él y avanzó atacando. Bhishma se dio cuenta de que su fin había llegado; no podía pelear ni disparar sus flechas a Sikandi porque sabía que aquel guerrero había nacido como mujer. Bhishma se mantuvo quieto mientras las flechas de Sikandi volaban hacia él. Desde atrás de Sikandi, las flechas de Arjuna buscaban los puntos débiles de la armadura de Bhishma. Cuando éste reconoció las flechas que venían de Arjuna, contestó el ataque lanzando una jabalina que Arjuna desvió.

Bhishma decidió acabar con el combate. Empuñando su espada y su escudo, intentó desmontar de su carro, pero cayó de cabeza al suelo. Las flechas que le habían disparado estaban tan enterradas en su cuerpo que, al caer, una

---

5. Sikandi (página 26) en realidad era Amba, una princesa a la que Bhishma había rechazado y que asumió una encarnación masculina para cumplir su promesa de matar a éste.

cama de flechas lo sostuvo encima del suelo. Al darse cuenta de ello, ambos bandos dejaron de pelear.

Arjuna se acercó a Bhishma quien, al encontrar que su cabeza colgaba hacia abajo, enterró tres flechas en el suelo, le levantó la cabeza cariñosamente y la apoyó en las estacas. Bhishma dijo entonces que estaba sediento. Arjuna disparó una flecha al suelo, a la derecha del hombre caído, y al punto salió un chorro de agua hacia los labios de Bhishma. Era Ganga, madre de Bhishma, que había llegado para apagar su sed.

Bhishma anunció que permanecería en su cama de flechas durante muchos días hasta que llegara su hora de partir. Disfrutaba del don de poder vivir tanto como quisiera, y morir de acuerdo a su propia decisión. Después de permanecer un tiempo meditando, mandó llamar a Duryodhana.

–Espero que esta guerra termine con mi partida –dijo–. Haz la paz con tus primos sin demora.

Karna llegó al enterarse del fin de Bhishma. Le rogó que perdonara sus palabras imprudentes y la promesa de no pelear hasta que muriera Bhishma. Éste le respondió benignamente:

–Tu odio de los Pandavas parecía demasiado severo y sin motivo, y ésa fue la razón de mi dureza contigo. No eres el hijo del conductor de carros, sino de Surya. Eres el mayor de los hijos de Kunthi. Vuelve con los Pandavas y acaba con este conflicto.

Karna, sin embargo, se negó a actuar según ese consejo.

–Le pagaré a Duryodhana con mi vida por su amabilidad y su ayuda –dijo a Bhishma–. No puedo cambiar mi lealtad bajo ninguna circunstancia.

Karna rindió su homenaje a Bhishma, y no perdió tiempo en colocarse su indumentaria de batalla y su equipo. Al verlo subir a su carro, Duryodhana se sintió revivido. Sus tropas sintieron que la victoria estaba a su alcance, ahora que Karna volvía a entrar en acción. Antes de continuar la batalla, Drona fue nombrado comandante en jefe en lugar de Bhishma.

A Duryodhana se le ocurrió de pronto la idea de que la victoria sería suya si lograra capturar vivo a Yudhistira.

–La captura de Yudhistira es prioritaria –le ordenó a Drona–. No quiero ni siquiera una victoria absoluta en esta guerra; si pudiera tener a Yudhistira en mi poder, sería suficiente. –Albergaba la esperanza de que pudiera involucrar a Yudhistira en otra partida de apuestas, exiliarlo otros doce años y acabar así con la guerra.

Al día siguiente, todos los Kauravas se unieron a los intentos por atrapar a Yudhistira. Drona dirigió personalmente el ataque. Como los Pandavas estaban enterados de su plan, protegieron fuertemente a Yudhistira de noche y de día. Yudhistira rechazó un ataque bien planeado de Drona usando *astras* especiales, y después Arjuna dispersó a los atacantes.

Drona confesó:

–Mientras Arjuna esté ahí nunca podremos capturar a Yudhistira. Tenemos que hacer algo para distraerle y alejarlo.

Para llamar la atención de Arjuna, el jefe de Trigarta formó una escuadra suicida. Un destacamento de hombres, vestidos con tela tejida con hierba *dharba*, celebraron exequias fúnebres para sí mismos e hicieron un voto de muerte frente a un rugiente fuego sagrado: «Mataremos a Arjuna o Arjuna nos matará». Marchando hacia el sur, que era la dirección del mundo de Yama, profirieron estruendosos retos a su enemigo. Arjuna los oyó y anunció:

–Debo irme. Es mi deber aceptar el reto.

Yudhistira le advirtió:

–Estás al tanto de los planes de Duryodhana para capturarme. Acuérdate de eso.

Arjuna dejó a Yudhistira con una fuerte guardia y se marchó aprisa.

Krishna condujo el carro de Arjuna hasta donde estaba la fuerza Trigarta. Al principio el pelotón suicida los tuvo arrinconados, pero pronto se dispersó ante la lluvia de flechas de Arjuna.

En ese mismo instante, Drona se aproximó al lugar en donde estaba Yudhistira, protegido por Dhrishtadyumna. Drona evitó encontrarse con Dhrishtadyumna, pues sabía que el joven príncipe había nacido para destruirlo. Dando vueltas en su carro alrededor de él, continuó sus ataques desde otras direcciones; pero a pesar de varios intentos, Drona no pudo capturar a Yudhistira.

Al día siguiente, Duryodhana se quejó amargamente:

–Tuviste a Yudhistira a unos cuantos pasos de ti y, sin embargo, lo dejaste ir. Sé que no estás dispuesto a enfrentarte a los Pandavas. Es tal y como era con Bhishma. ¡No entiendo por qué no cumplís las promesas que me hicisteis!

Drona se sintió irritado por ese comentario y dijo:

–Albergas sentimientos indignos. Ya te expliqué por qué no podemos llegar hasta Yudhistira mientras Arjuna esté cerca. Lo intentaremos de nuevo. Sé paciente y confía en mí.

Al decimotercer día de batalla, el pelotón suicida retó una vez más a Arjuna desde el sector meridional del campo de batalla. Arjuna fue a lidiar con él, aunque aquel día los Pandavas no podían prescindir de él.

Cuando Arjuna hubo partido, Drona reagrupó a su ejército en formación de loto, una especie de laberinto en el que un ejército enemigo quedaría irremediablemente perdido.

Yudhistira se sintió preocupado ante la nueva dirección de los acontecimientos, y se dio cuenta de que el ataque de Drona era feroz e irresistible. Todos sus seguidores estaban desesperadamente entretenidos en tratar de encontrar el camino a través del laberinto del loto, pero no progresaban mucho. El joven Abhimanyu, hijo de Arjuna, era su única esperanza.

—En ausencia de tu padre —le dijo Yudhistira— recae sobre ti la responsabilidad. Debes tratar de romper esa formación.

Aunque se sentía incapaz, Abhimanyu estaba dispuesto a intentarlo.

—Mi padre sólo me enseñó cómo entrar en esa formación —dijo—, pero no cómo salir de ella.

Bhima, Satyaki, Dhrishtadyumna y todos los demás le animaron, prometiéndole seguirlo de cerca una vez que hubiera roto la formación. Para gran sorpresa de todos los veteranos de ambos bandos, Abhimanyu logró perforar la formación. Se abrió camino, se sobrepuso a todos los obstáculos y se internó profundamente en la formación enemiga. Pero, de forma imprevista, Jayadratha, gobernante de Sindhu y yerno de Dhritarashtra, movió su contingente y selló completamente la abertura, evitando el avance de Bhima y los demás detrás de Abhimanyu. Éste se abrió paso entre las filas del enemigo. En algún momento el propio Duryodhana bajó a atacar al joven guerrero. Drona, Aswathama, Kripa, Karna, Sakuni y muchos otros combinaron sus fuerzas para eliminar al joven. Él hizo frente a sus ataques tanto como pudo, pero finalmente lo mataron.

Al volver a su campamento por la tarde, tras haber derrotado al pelotón suicida, Arjuna se enteró de la muerte de Abhimanyu. Se desplomó y lloró:

—Sólo le había enseñado cómo entrar en una formación de loto, pero no cómo salir de ella. Juro que mataré a Jayadratha, quien le tendió la trampa, antes de que se ponga el sol mañana.

El día siguiente, al enterarse del juramento de Arjuna, Jayadratha permaneció hasta la tarde fortificado detrás de carros de guerra, elefantes, jinetes y soldados de a pie. Arjuna luchó hasta alcanzar a Jayadratha, que miraba ansiosamente al cielo del poniente esperando que se ocultara el sol. El cielo se oscureció y Jayadratha, sintiendo que había sobrevivido al plazo estipulado por Arjuna, salió de su escondite, y así Arjuna lo mató con una sola flecha. Entonces los cielos se iluminaron de nuevo. Todavía era de día; Krishna había creado un crepúsculo falso, levantando su disco para cubrir el sol. Había adoptado esta estrategia porque parecía la única forma de sacar a Jayadratha de su escondite y así acabar con los terribles sucesos de aquel día.

La batalla había continuado en muchos otros lugares. Bhima y Karna se enfrentaron. Bhima estaba en su elemento, porque Duryodhana había mandado a sus hermanos a ayudar a Karna y Bhima logró matar a doce de ellos aquel día. Bhima sentía que había nacido para destruir y disminuir a la prolífica hermandad que había observado con gozo la humillación de Draupadi en la asamblea.

Karna fue vencido varias veces y se sintió descorazonado por la pérdida de tantos hermanos de Duryodhana. Pero pronto se recuperó y destruyó no sólo los arcos y armas de Bhima, prácticamente desarmándolo, sino también su carro de guerra, al conductor y los caballos. Así Bhima se vio obligado a correr de refugio en refugio, a esconderse detrás de los cadáveres de los elefantes y a defenderse con cualquier artículo al que pudiera echar mano, como patas de caballos, ruedas rotas y trozos de madera.

Karna se burlaba de él:

–Glotón, regresa a los bosques y mastica hierba. No eres un *kshatriya* sino un salvaje no apto para una batalla común.

Aquel día los temperamentos habían empeorado de tal forma que a los ejércitos les pareció imposible respetar las convenciones de la guerra. Ambos bandos desecharon el límite de tiempo y pelearon de noche con la ayuda de miles de antorchas. El hijo de Bhima, Ghatotkacha, se sentía especialmente fortalecido durante la noche, porque tal era la naturaleza de los *rakshasas*. Él y su ejército atosigaron a los Kauravas de mil maneras. Tenían poderes sobrenaturales, y sus estrategias no podían ser previstas por cálculos normales. Hacían llover fechas desde lugares invisibles, peleaban desde el aire, desaparecían a voluntad de la vista del enemigo y causaban gran daño a los ejércitos Kauravas. Los Kauravas se estaban desesperanzando al sentir que Ghatotkacha con sus movimientos impredecibles los destruiría por completo, y le rogaron a Karna que acabara con él.

El propio Karna había sido herido por uno de los proyectiles de Ghatotkacha y estaba dolorido. Poseía una lanza mágica, un regalo del propio Indra, que podía ser enviada en busca de un enemigo escurridizo; pero su potencia se limitaba a un solo uso. Karna la había estado reservando para Arjuna, pero aquel día estaba tan fuera de sí por el dolor y la desesperación que la lanzó y acabó con la carrera de Ghatotkacha. Ciertamente Arjuna se salvó de aquel peligro, pero el precio que se pagó fue la vida de Ghatotkacha.

Aquella fue, en todas partes, una noche crucial, con luchas incesantes. Drona estaba aquí, allá y acullá, esparciendo muerte y destrucción. Krishna observó sus actos y declaró:

–Debemos ponerle un fin a este hombre terrible. Es invencible, y puede seguir así muchos, muchos días y noches hasta que sea eliminado el último miembro de nuestro ejército. Debemos evitar que luche por todos los medios posibles. Debemos desanimarle. Su único punto débil es su apego a su hijo, Aswathama. Éste no puede ser vencido, pero si anunciamos que está muerto, eso sería suficiente para hacer que el viejo maestro se detenga. ¿Quién irá ahora a informarle de que Aswathama está muerto? En este momento está lejos en otra parte del campo, y podemos salirnos con la nuestra con esa declaración.

Arjuna rehusó participar en aquel juego de engaños. Uno por uno se les preguntó y todos rehusaron mentir aunque fuera para salvarse a sí mismos. Se quedaron pensando. El tiempo corría. Era cuestión de supervivencia para sus hombres y familias y para ellos mismos, porque los ataques de Drona no cesaban.

Yudhistira pensó a fondo sobre la propuesta y sobre la situación que la justificaba y dijo:

—Yo iré a hablar con Drona. Si esta falsedad me conduce al infierno, lo tendré merecido, pero nuestra causa me obliga. Krishna, confío en ti. Cuando tú haces una sugerencia, debe ser aceptada. No hay otra salida para nosotros en esta circunstancia.

Para crear una situación que le diera al plan una apariencia de verdad, Bhima levantó su maza y aplastó el cráneo de un elefante al cual habían llamado Aswathama. Entonces Bhima gritó con su voz estentórea:

—¡Maté a Aswathama!

Drona lo oyó cuando estaba a punto de descargar el más mortal de los *astras* que poseía, el Brahmastra, que habría arrasado a los Pandavas y sus ejércitos en un segundo. Le preguntó a Yudhistira, creyendo que él jamás proferiría una mentira:

—Yudhistira, debes decirmelo: ¿han matado a Aswathama?

Yudhistira contestó:

–Sí, es verdad –y añadió–, pero se trata de un elefante llamado Aswathama.

Mientras mascullaba la última parte de esta frase, bajó la voz hasta que fue un suave murmullo, de tal forma que Drona no lo oyó y quedó descorazonado. Sintió que para él ya no quedaba nada por qué vivir.

Bhima escogió aquel momento para acusarle:

–Eres un brahmán y, abandonando los deberes de tu casta, has decidido convertirte en guerrero como un *kshatriya*. Has traicionado los deberes que tenías por nacimiento. En lugar de propagar el conocimiento y la paz, has enseñado a la gente a usar armas para sudestrucción mutua. Te has complacido en la profesión del que mata. Has tenido la desgracia de heberte degradadohasta tal punto.

El guerrero veterano se sintió muy herido por aquellas palabras, pero la noticia de la muerte de su hijo le había entorpecido los sentidos. Arrojó su arma, se quitó la armadura y se sentó en el suelo de su carroza meditando, de hecho en un trance. En aquel preciso momento, Dhrishtadyumna subió al carro y, antes de que cualquiera pudiera entender lo que estaba sucediendo, desenvainó su espada y le cortó la cabeza a Drona, vengando así la humillación que su padre había sufrido años atrás.

A continuación Karna fue nombrado comandante en jefe de los ejércitos Kauravas. A Arjuna le pareció que aquél era un momento propicio para retarle, y continuó luchando, protegido por detrás por Bhima.

Ahora Dussasana se acercó para atacar a Bhima con una lluvia de flechas. Bhima estaba emocionado con aquella oportunidad, y gritaba:

–¡Éste es el momento de la ejecución!

Se acordó de la escena de Draupadi arrastrada ante la

asamblea, brincó de su carroza, y saltó encima de Dussasana. Deteniéndolo, le arrancó la mano, y gritó:

–¿Acaso no es ésta la mano que arrastró a Draupadi del cabello?

Lanzó la extremidad sangrante hacia el campo de batalla y a la cara de Duryodhana. Después se bebió la sangre que salía del cuerpo de Dussasana, cumpliendo así con su promesa y horrorizando a quienes lo miraban, incluyendo a Duryodhana.

Karna estaba estremecido por el espectáculo y quedó paralizado por un momento ante la exhibición de la furia de Bhima.

Salya, que conducía carro de Karna, dijo:

–Noto que estás dudoso y flaqueando. La situación lo merece, si duda, pero ahora, como general, debes actuar decididamente. No te descorazones. Después de Dussasana, la responsabilidad recae sobre ti por completo.

Karna dirigió su carro hacia Arjuna y utilizó sus armas más escogidas. Una deslumbrante flecha encendida, llamada la Serpiente, cayó escupiendo fuego, buscando la cabeza de Arjuna. Justo a tiempo, Krishna hizo presión sobre carro de Arjuna y lo hundió en el suelo a una profundidad de cinco dedos. La flecha no atinó a la cabeza de Arjuna, pero le quitó la corona. Rojo de furia, Arjuna apuntó una flecha para acabar con su contrincante. En ese momento, habiendo llegado la hora marcada de Karna, la llanta izquierda de su carro se atascó en el empantanado y ensangrentado suelo, y él se bajó para levantarla. Mientras forcejeaba con ella, suplicaba:

–Espera hasta que enderece mi carro; dependo de tu honor. No…"

Krishna gritó:

–¡Honor! ¡Qué tarde te acuerdas de esa palabra! ¿Dónde

estaba el honor aquel día en que te burlaste de una mujer indefensa traída a rastras frente a vosotros sin que hubiera cometido ninguna falta? Decidiste, por voluntad propia, asociarte a hombres malvados, incluso cuando pudiste haberlo evitado. Te gozaste en actos malvados, en crueldad y falta de bondad, y el odio de tus hermanos fue ciego y sin razón. Cuando todos vosotros, guerreros tres veces mayores que él, cercasteis y asesinasteis a aquel niño Abhimanyu, ¿dónde estaba ese honor del que hablas?

Habiéndolo acusado así, Krishna urgió a Arjuna que diera el golpe final.

Karna se montó entonces de nuevo en su carro, le puso flecha a su arco y la disparó. Arjuna quedó paralizado por su fuerza. En esa pausa, Karna volvió a bajarse para tratar de levantar la rueda de su carro. Como no consiguió moverla, Karna se desesperó y trató de mandar un *astra* supremo, el Brahmastra. Pero en aquel momento cayó sobre él una maldición provocada antes por su *guru* Parasurama, que en el momento crucial olvidaría el *astra*. Se llenó de miedo al darse cuanta de que el *mantra* se le escapaba de la memoria. Arjuna se detuvo, ya que no quería aprovecharse de aquel momento difícil, pero Krishna le animó:

–No pierdas más tiempo, vamos, dispara… Entonces, Arjuna levantó su Gandiva y disparó una flecha, que le arrancó la cabeza a Karna.

En aquel momento le recomendaron a Duryodhana que pidiera paz.

–No –dijo–. ¿Cómo puedo hacer la paz con los Pandavas, que han derramado la sangre de quienes me son más queridos, uno a uno, sin misericordia? Los combatiré hasta el último suspiro –y así lo hizo literalmente, tras convertir a Salya en comandante en jefe.

Yudhistira en persona dirigió a sus fuerzas contra Salya y lo derribó. Todos estaban impresionados con la capacidad de Yudhistira para el combate, de quien se pensaba que era calmoso. Salya era uno de los guerreros más robustos, pero en este enfrentamiento Yudhistira mostró una tenacidad y una fuerza asombrosas, y no se detuvo hasta que el cuerpo de Salya acabó rodando por el polvo.

Los hijos restantes de Dhritarashtra combinaron sus esfuerzos para atacar a Bhima, pero éste los destruyó a placer, y gritó:

–¡Mi mayor enemigo aún está vivo; me encargaré de él!

Salió a perseguir a Duryodhana, quien había perdido toda esperanza al enterarse de que hasta Sakuni estaba muerto, habiendo sido eliminado por Sahadeva, el más joven de los hermanos Pandava.

En ese momento, Aswathama y Kripa llegaron buscando a Duryodhana. Aswathama era el general, aunque sólo quedaban tres vivos del lado Kaurava, y siete del otro. Profundamente conmovido por el pesar de Duryodhana, Aswathama juró acabar con la estirpe de los Pandavas sin dejar ni rastro.

Duryodhana ya no podía reunir a su ejército. Levantó su maza, que era su arma más poderosa, y caminó hacia un lago. Apartó el agua con sus poderes sobrenaturales y se fue hasta el fondo, en donde más tarde lo encontraron Yudhistira y sus hermanos.

Yudhistira dijo:

–¿No te avergüenza esconderte ahora debajo del agua, después de todo el daño que le has causado a nuestra estirpe?

Duryodhana respondió con arrogancia:

–No estaba tratando de esconderme. Me metí en el agua para apaciguar el fuego que arde aún dentro de mí. ¿Qué

queda que valga la pena vivir o morir por ello? Todos aquéllos cuya amistad valoro se han ido. No deseo tener ningún
reino. La tierra es tuya, tómala, has tenido que acabar con
tantas vidas para obtenerla... Tómala.

—¡En verdad eres generoso, después de haberme negado
el espacio que ocupa la punta de una aguja!

Duryodhana salió del agua, con la maza en la mano.

—Estoy solo; lucharé contra todos ustedes, uno por uno
—dijo—. Seguramente queda en vosotros suficiente caballe-
rosidad como para no caerme encima en manada. Estoy
solo, sin apoyo y sin armadura.

—Qué delicado —dijo Yudhistira—. ¿Acaso vosotros pele-
ásteis uno por uno con ese niño Abhimanyu? Ciertamente os
comportasteis como una manada de lobos. Está bien, coló-
cate tu armadura, escoge al que quieras para pelear. Si mue-
res, te irás al cielo; si vives, serás rey de nuevo.

Krishna sintió que Yudhistira estaba cometiendo un error
en hacerle tal oferta a Duryodhana. Ya que sólo Bhima podía igualarlo, Krishna en seguida le dio prisa:

—Bhima, prepárate.

Le dieron a Duryodhana tiempo para salir del lago, y comenzó la lucha. Tanto Bhima como Duryodhana eran expertos en el uso de la maza, y la pelea fue pareja. Volaban
chispas cuando chocaban sus armas. La pelea fue prolonga-
da y parecía que nunca iba a acabar.

Mientras observaban el duelo, Krishna le dijo a Arjuna:

—¿Crees que Bhima habrá olvidado su promesa de aplas-
tarle la pierna a Duryodhana?

Bhima lo escuchó al mismo tiempo que Arjuna le hizo
una señal, y recordó la vieja escena en que Duryodhana se
descubrió la pierna para que Draupadi se sentara en ella.
Saltó sobre Duryodhana, dejó caer su maza, y le aplastó la
pierna. Mientras Duryodhana se desplomaba, Bhima le pisó

la cabeza y la presionó con sus talones, casi ejecutando un baile sobre el cuerpo caído.

Yudhistira intervino en aquel momento y amonestó a Bhima:

—Ya basta, has cumplido tu promesa. Después de todo, Duryodhana era rey y primo nuestro primo.

—No nos demoremos aquí –dijo Krishna–. Pronto partirá el alma malvada de este hombre. ¿Por qué detenernos? Vamos, regresemos a nuestros carros.

Duryodhana miraba impotente, siguiéndolos con ojos encendidos por la furia, y dijo:

—Tus infames trucos, Krishna, les han traído la victoria a estos guerreros. Drona, Bhishma, Karna y Jayadratha no habrían sido destruidos si no fuera por tus trampas. ¿No te sientes arrepentido y avergonzado?

Krishna respondió:

—Tu ambición y tu odio sin razón te trajeron a ti y a todos tus seguidores a esta situación. Recuerda, por tu bien, lo mucho que ganaste en la partida de dados. No hables de mis engaños, sin los cuales tú y tus amigos seguiríais pesando sobre la tierra. Le puse fin a esa situación, y no veo nada de malo en detener una guerra que era innecesaria. Ahora, por lo menos, deja que tus últimos minutos sean de arrepentimiento.

Pero Duryodhana estuvo desafiante hasta el final.

—Presumes de ser un dios –replicó–, cosa que yo rechazo por completo. Te aliaste con esos mendigos y debiluchos y trataste de sostenerlos. Piensa en mí. He vivido bien, nunca menos que como rey, y haciendo lo que quise. He disfrutado todo lo que hubo en la vida, y no me arrepiento de nada. He sido leal con mis amigos y un terror para mis enemigos hasta el último segundo. No me importa que Bhima baile sobre mi cabeza; después de todo, mi cuerpo perecerá en un momento. ¡Qué tontería ser tan vengativo con un cuerpo casi muerto! No me importa todo esto porque mi futuro está en el cielo, a donde llegan los guerreros, y sé que mis seguidores estarán ahí y me darán la bienvenida. Tú y tus malditos Pandavas seguiréis atados a la tierra, despreciados por los *kshatriyas* que vendrán, cuando se recuerden vuestras taimadas y mentirosas tácticas. ¡Ningún guerrero golpea a otro en la pierna! ¡Y eso fue lo que le aconsejaste!

16. VICTORIA Y PENA

Al final de la guerra, los Pandavas volvieron a Hastina-pura. Les fue difícil enfrentarse al rey Dhritarashtra y a su esposa, Gandhari, quienes habían perdido a sus cien hijos.

Dhritarashtra preguntó:

—¿Dónde está Bhima? Quiero saludarlo.

Krishna, que conocía la mente del viejo, le presentó una imagen de Bhima hecha en hierro. Dhritarashtra acercó la imagen a su pecho y le dio un abrazo paterno, en el cual puso toda la fuerza de su desesperación y su pena. Deshizo la imagen en mil pedazos que cayeron de entre sus brazos. Entonces se lamentó:

—¡Ay, Bhima, ay! Mi abrazo fue demasiado para ti. Espero que no estés lastimado.

A Krishna le era familiar la hipocresía del viejo rey y dijo:

—Lo que has aplastado sólo es una imagen de hierro de Bhima. Espero que eso haya satisfecho tu deseo de venganza.

Dhritarashtra entendió su posición y dijo:

—Me alegra saber que Bhima está vivo. Mi pesar me hizo perder la razón. Krishna, estoy agradecido porque salvaste a Bhima de mi acto sin razón.

Aquel ejercicio había agotado la rabia y el resentimiento del viejo. Ahora podía tener una visión realista de la situación y discutir el futuro restablecimiento de la paz en el país.

Pero la pena de Gandhari no estaba abatida. Se volvió hacia Krishna y le fustigó con su lengua:

—¿Ya estás contento de vernos en este estado? Tus engaños han traído esta gran tristeza a nuestra familia. Has cometido actos atroces contra mis hijos.

—Todo estaba escrito así –respondió Krishna–. Ésta fue la consecuencia del *karma* de tus hijos. Ahora que han pagado por sus pecados, siéntete feliz de que estén en el cielo reservado para los guerreros que mueren heroicamente.

Gandhari siguió llorando.

—Tus palabras apenas me consuelan –dijo–. No conoceré la paz hasta que tú hayas sufrido en la misma medida las consecuencias de tu propia traición. En el trigésimo sexto año a partir de hoy, que los Vrishnis[1] se destruyan todos entre sí y te dejen solo para morir súbitamente.

Krishna se rió y dijo:

—Espero que te haga sentir mejor el haberlo dicho. Yo sé lo que me espera. Exactamente en el año treinta y seis, con o sin tu maldición, nuestros Vrishnis se destruirán entre ellos por alguna lucha. Sé exactamente cómo dejaré este mundo.

Los Pandavas tenían que pasar un período de luto de un mes afuera de la ciudad de Hastinapura. Acamparon con Vidura, Sanjaya y Dhritarashtra, y acompañados por todas las mujeres del palacio, a las orillas del río sagrado, en donde llevaron a cabo varios rituales para la salvación de las almas

1.   La tribu de Krishna.

de los que habían fallecido. Mientras acampaban ahí, todos los *rishis,* incluyendo a Narada y Vyasa, les visitaron.

Narada dijo a Yudhistira:

–Ahora que has conquistado el mundo y perpetuado tu nombre, ¿te regocijas en tu victoria? Espero que hayas superado tu pena.

Narada, siendo el sabio que era, sabía exactamente qué efecto tendría aquel interrogatorio sobre Yudhistira.

–¡Mi Victoria! –dijo Yudhistira–. ¡He hecho tan poco para merecerla! La gracia de Krishna y las proezas físicas de Bhima y Arjuna nos trajeron la victoria. Pero para mí, es la derrota del propósito de toda mi vida. Todos los hijos nacidos de Draupadi están muertos. ¿Cómo podré mostrarme ante Subhadra, que perdió a su hijo, Abhimanyu? ¿Cómo haré frente a todas las madres y los padres y parientes de aquéllos por cuya muerte respondo?

»Además de eso, hay un tema en particular que me es doloroso y sorprendente. Hasta hace poco no estaba al corriente de que Karna era hijo de Kunthi. Yo le había conocido sólo como el hijo del conductor de carros, pero ahora Kunthi me ha contado su historia. He maquinado la muerte de mi propio hermano para ganar su reino. ¿Cómo podré expiar este pecado, el mayor de los pecados? Recuerdo haber sentido cariño por Karna cuando lo miraba. Hasta en sus momentos de furia en el campo de batalla, hasta en esa partida de dados cuando habló tan carente de delicadeza, yo sentía enojo, sin duda, pero recuerdo que cuando le miraba los pies se parecían tanto a los de Kunthi que no podía seguir enojado. Ninguno de nosotros supo que era nuestro hermano. Siempre pensé en el parecido entre él y mi madre, pero sin entender el motivo. ¿Por qué estaba maldecido? ¿Por qué se atascarón las ruedas de su carro en el último momento? Tú conoces el pasado y el futuro. Por favor, dime por qué, para que pueda entender cómo obra el destino. ¿Por qué no pudo disparar el Brahmastra?

Para responder a su pregunta, Narada narró una vieja historia concerniente a Karna. Cuando Karna era un joven acólito, fue a ver a Parasurama para aprender de él el uso del Brahmastra. Como Parasurama se había convertido en un enemigo acérrimo de todos los *kshatriyas* (y hasta había intentado exterminar completamente a esta casta), Karma, para ser admitido como su alumno, le había anunciado que era un brahmán. Una tarde en el bosque Parasurama se sintió cansado y, apoyando su cabeza en las piernas de Karna, quedó profundamente dormido debajo de un árbol. En aquel momento un insecto monstruoso, un ciempiés anormal que no era más que un *rakshasa* en forma de insecto, encajó sus dientes en el muslo de Karna y le succionó la sangre. Karna aguantó el dolor sin mover ni un músculo por temor a despertar a su maestro. Parasurama despertó, vio la sangre saliendo y empapándolo y le pidió una explicación diciendo acto seguido:«Nadie que no sea un *kshatriya* pudo haber soportado el dolor en silencio. Me has engañado haciéndote pasar por un brahmán, y por esa grave falta decreto que recordarás el Brahmastra que te enseñé hasta el momento antes en que tengas que hacer uso de él; en el momento crucial, se te olvidarán las sílabas mágicas». Y Narada explicó que aquella fue la razón por la cual Karna no pudo acordarse del Brahmastra cuando trató de utilizarlo contra Arjuna.

Narada también explicó por qué las ruedas del carro de Karna se atascaron en el último momento:

–Cierta vez, Karna mató sin quererlo a una vaca perteneciente a un ermitaño. El ermitaño, enfurecido por su pérdida, decretó: «La tierra se tragará las ruedas de tu carro en un momento crítico», y como resultado de esta maldición Karna no pudo acercarse a Arjuna en el campo de batalla.

Estas explicaciones mitigaron en cierta medida la pena de Yudhistira, pero en su corazón pesaba todavía el arrepentimiento. Se volvió hacia Arjuna y dijo:

–Nuestros supuestos enemigos han adquirido mérito y ahora están en el cielo, mientras que nosotros estamos obligados a vivir largamente en este infierno de arrepentimiento por las matanzas. ¡La pena es nuestra única recompensa! No me digas otra vez que matar está entre los deberes de un *kshatriya*. No quiero ser llamado *kshatriya* si la matanza es la única regla de vida. Dejadme ser un mendigo, mucho más feliz si pudiera pensar que he practicado la compasión y el perdón en lugar de haber ganado esta victoria. Como perros peleando por un pedazo de carne hemos luchado y destruido a nuestros parientes. Nos condujo a ello la falta de razón de Duryodhana, su odio irreducible pero, habiéndole sobrevivido de esta forma, ahora no nos queda alegría. ¡Ay, Arjuna, conviértete tú en soberano de este reino! Dejadme irme a los bosques a vivir una vida de renunciación. Viviré sin posesiones ni propósito, acompañado sólo por los árboles y las criaturas inocentes.

Se regodeó en una visión de la vida ascética, vivir de frutas y raíces, lo suficiente para mantener vivo el cuerpo; renunciando al habla; renunciando a juzgar lo bueno y lo malo, sin decirle a persona alguna qué hacer, sin resistirse a nada; caminar en una dirección, con la cabeza inclinada en señal de humildad, sin mirar ni hacia atrás ni hacia delante, sin darse cuenta de en qué dirección ni en qué reino se movía.

Yudhistira continuó desarrollando la imagen de su vida de reclusión hasta que Arjuna no pudo evitar su enojo y lo interrumpió.

–¡Ay, con eso basta! –dijo–. Habiendo sacrificado tanto, tantas vidas, y habiendo conseguido el reino, es tu deber gobernarlo para que no caiga en manos menos dignas que las tuyas y sufra las consecuencias. Es tu deber gobernar y disfrutar, ayudar a los pobres, fomentar los sacrificios y sostener como gobernante la justicia de Dios. Nunca serás capaz de lograrlo a menos que tengas el poder de un rey, adquirido por los medios legítimos que por decreto se le permiten a un *kshatriya*. Nunca serás capaz de cumplir con esos deberes a menos que tengas prosperidad y riqueza. Un mendigo no puede ayudar a otros, un debilucho no puede ser de ninguna ayuda a los demás hombres. La vida de renunciación es sólo para los mendicantes y no para nosotros. Un hombre que posee riquezas es considerado como educado y digno de respeto; la riqueza trae más riqueza. Las actividades religiosas, el placer, el disfrute y la realización de todas las vidas proceden de la riqueza. Quien no tiene riqueza es despreciado en este mundo y en el siguiente. Las peleas y diferencias de opinión suceden aun entre los dioses en el cielo. Si esto es así, ¿qué hay de malo con que, en nuestra sociedad humana, también haya diferencias y peleas? La gloria se adquiere peleando y de la gloria proceden todas las cosas buenas de la vida. Es sabido que todo es un regalo de la diosa Lakshmi, y quien desprecia uno de tales regalos ofende a la diosa. Recuerda, nunca verás que se acumule riqueza sin que se haga daño a otros.

Yudhistira seguía repitiendo su filosofía de renunciación. Su visión ascética enfureció a Bhima, quien dijo:

–Gran hermano, el mayor de ellos, por favor, detén tu narración. Tu mente está desequilibrada y has perdido de vista la realidad. Eres como quienes repiten los *Vedas* como papagayos, que balbucean cosas sin importancia. Si piensas tan poco de las virtudes de un rey, toda la matanza de la familia de Dhritarashtra a la cual tú nos condujiste habrá sido innecesaria. Si hubiéramos sabido que ésta era tu filosofía, jamás habríamos aceptado levantarnos en armas en contra de persona alguna. Habiendo matado a tus enemigos, es tu deber tomar las riendas del reino y gobernarlo como un verdadero *kshatriya*. Sin importar cuánto te disguste, no puedes cambiar ahora de casta. Te comportas como el hombre que ha cavado un pozo y, después de quedar cubierto de lodo, se da por vencido cuando el agua empieza a brotar. Eres como el hombre que, habiendo matado a todos sus fieros enemigos, acaba por suicidarse. Te hemos seguido y ahora nos damos cuenta de que tu inteligencia está en duda. Por favor, considera también nuestra posición. Es egoísmo de tu parte refugiarte en esos sentimientos. Sólo los reyes con enfermedades incurables o que han sido derrotados deberían adoptar una vida de renunciación. Si la renunciación y la pasividad fueran las más altas virtudes, entonces las montañas y los árboles serían los seres más virtuosos de la creación, porque las montañas y los árboles siempre llevan una vida de desprendimiento y no se cruzan en el camino de nadie.

Los gemelos, los más jóvenes, le unieron sus voces, también con gran agitación. Y Draupadi, que había estado escuchándolo todo, agregó:

–Estos hermanos tuyos han estado aleccionándote y quejándose hasta que se les secaron sus gargantas. Tu obstinación les hace infelices. Estos hermanos tuyos han sufrido continuamente durante muchos años, y todo por su devoción a ti. ¿Acaso, cuando estabas en Dwaitavana padeciendo el frío y el calor y el viento, no me dijiste: «Lucharemos por nuestros derechos, mataremos a Duryodhana, y una vez más disfrutaremos de la tierra como gobernantes»? Prometiste que nuestras penurias quedarían olvidadas cuando recobráramos nuestro reino. Tú mismo lo juraste; ¿por qué te retractas ahora? Mi suegra me dijo un día: «Yudhistira siempre te mantendrá feliz y bien provista». Ahora, después de matar a miles de hombres, veo que estás tratando de retractarte de esa promesa. Cuando el hermano mayor pierde la razón, todos los que le siguen están obligados a perderla. Si tus hermanos tuvieran juicio propio te habrían inmovilizado, mantenido en cautiverio y habrían asumido la soberanía de la tierra. El hombre afligido por la locura debe ser tratado por un médico y no debe obedecérsele. Entre todos yo soy la más miserable, pero aún tengo el deseo de vivir, aunque haya perdido a todos mis hijos. No debes ignorar mis palabras ni las de tus hermanos.

Arjuna explicó entonces los deberes del rey como autoridad quecastiga.

–Lo que un rey sostiene en su mano se llama *danda*, porque reprime y castiga a los malvados; sólo el temor del castigo mantiene a la mayoría de las personas sobre la senda de la verdad, la obediencia y la disciplina. Sin acertar con su arpón ningún pescador tendría éxito en la pesca. Sin matar no se logra nada. Entre los dioses, gozan de más respeto quienes son más fieros: Rudra, Skanda, Agni y Varuna son todos dioses asesinos. Todos tiemblan delante de ellos. No veo a una sola criatura en el mundo que se mantenga viva sin dañar a otra. Los animales viven de animales, los más fuertes de los más débiles. El gato devora al ratón, el perro devora al gato, el perro es devorado por el leopardo, y a todas las cosas las devora la muerte. Ni los ascetas pueden mantenerse vivos sin matar a alguna criatura. En el agua, en la tierra y entre las plantas hay muchas vidas diminutas e invisibles, pero mueren cuando el asceta toma su alimento. El reino es ahora nuestro. Es nuestro deber cultivar la alegría y gobernar la tierra, usando la *danda* cuando sea necesario.

Yudhistira permitió que todos expresaran sus opiniones, pero rechazó la filosofía de sus hermanos y su esposa, repitiendo tenazmente su plan de irse al bosque y hacer penitencia. En aquel momento intervino Vyasa.

–Debes poner en práctica el deber que te corresponde como rey. No hay otro camino. El retiro no es para los de tu casta. Debes adoptar una vida real, una vida doméstica y una vida de *kshatriya*. Deja de pensar negativamente. Tienes que gobernar el reino que ha llegado a tus manos. No te queda alternativa. Acéptalo con buen ánimo.

Yudhistira continuó lamentándose por la muerte de cada uno de sus adversarios, de uno en uno, y se preguntaba:

–¿Cómo pagaré por esto, cómo pagaré por esto?

Pensó especialmente en Bhishma, sobre cuyas piernas había jugado de niño.

Cuando lo vi atacado por Sikandi, y lo vi temblando y sacudiéndose durante el ataque, cuando vi su cuerpo perforado por flechas y cayendo al suelo de su carro como una torre abatida, mi cabeza giraba y mi corazón se estrujaba de dolor. Él nos había criado y yo, en mi codicia, tramé su destrucción. Drona, mi maestro, quien tomó mi mano y me enseñó a sostener un arco… ¿cómo puedo olvidar estas escenas y desfilar como rey?

Se atormentaba con tales recuerdos una y otra vez. Más que cualquiera otra cosa, fue el eco de los lamentos de las mujeres al recibir noticia de las bajas lo que fue demasiado para Yudhistira.

Finalmente Krishna perdió su paciencia con él.

–Es indecoroso que des rienda suelta a tu pena –le dijo–. No puedes seguir así para siempre. Olvídate a ti mismo y a tus sentimientos y actúa por el bien de quienes han atravesado tanto sufrimiento por obedecer tus órdenes. Tendrás que aceptar el reino.

Súbitamente Yudhistira se dio cuenta de la razón de sus argumentos y dijo:

–¡Oh, Krishna, mi mente se ha aclarado! Obedezco tus órdenes y las de nuestro antepasado Vyasa. Ahora procedamos como tú lo deseas.

Después de rezar a los dioses, Yudhistira subió a una carroza tirada por dieciséis bueyes con marcas especiales, cubiertos con satín y seda, y santificados por ciertos *mantras*. Bhima llevaba las riendas de los animales, Arjuna sostenía el parasol sobre la cabeza del rey, Nakula y Sahadeva estaban de pie a ambos lados abanicando al rey con colas de yak. Kunthi y Draupadi los seguían en una carroza conducida por Vidura. Krishna, Satyaki y muchos otros estuvieron en la procesión. Las calles estaban engalanadas con follaje y flores, el camino rociado con agua perfumada, y las puertas de la ciudad adornadas como nunca antes para la llegada de Yudhistira. La ciudad latía con el sonido de la música y el rugido de los vítores de las multitudes.

Pasando entre la muchedumbre que se agolpaba en las calles principales, Yudhistira finalmente entró en el palacio de Dhritarashtra. Yudhistira, como rey, fue primero a adorar a los dioses. Luego tomó asiento en un trono dorado, de cara al oriente. En otro asiento dorado, frente a él, se sentaron Krishna y Satyaki. A los lados del trono estaban Bhima y Arjuna. Kunthi estaba sentada en un asiento de marfil, con Nakula y Sahadeva a cada lado. A Dhritarashtra se le dio un asiento especial. Yuyutsu, el único hijo de Dhritarashtra que quedaba vivo, y que se había pasado del lado de los Pandavas al principio de la batalla, estaba sentado a su lado junto con Sanjaya y Gandhari. Ciudadanos importantes se acercaron al rey con obsequios. Se colocaron en el altar jarras con agua sagrada y vasijas de oro y plata con incrustaciones de pedrerías.

Yudhistira, con Draupadi a su lado, encendió el fuego sagrado y vertió en él libaciones especiales, repitiendo los *mantras* que cantaban los sacerdotes. Krishna vertió agua sagrada de su concha y ungió a Yudhistira. Sonaron tambores y Yudhistira fue vitoreado una y otra vez.

Aceptándolo todo, Yudhistira proclamó con cordialidad:

–El rey Dhritarashtra aún encabeza nuestro reino. Si deseáis agradarme, mostradle vuestro respeto y obediencia con igual firmeza que a mí. Tened presente esta petición que os hago. El mundo entero, incluyéndonos a nosotros, le pertenece, recordadlo.

Yudhistira anunció que Bhima era el *yuvaraja*, su segundo en la cadena de mando. Nombró a Vidura su consejero en todo asunto relacionado con la guerra, la paz, la defensa y la administración. Sanjaya habría de cuidar las finanzas del estado. Nakula estaba a cargo del reclutamiento de las fuerzas armadas. Arjuna habría de defender al reino y "castigar a los malvados", una tarea adecuada a su filosofía. Dhaumya sería el sacerdote real supremo, administrando todos los asuntos religiosos del palacio y del estado. Yudhistira escogió a Sahadeva para ser su acompañante personal y ayudante en todo momento, ya que consideraba que el más joven necesitaba su propia protección. Encargó a Yuyutsu, el único hijo que le quedaba a Dhritarashtra, que cuidara al viejo rey y se asegurara de que sus deseos se cumplieran en todo momento.

EPÍLOGO

Con la coronación de Yudhistira y toda la tranquilidad que le siguió, uno habría pensado que no había más que decir; pero no es así. El autor de una epopeya no suele inclinarse por concluir una historia. Justo cuando la acción parece estar acabando, uno se da cuenta que la última línea no es más que la primera de una nueva fase de la narración, de experiencias y pensamientos nacientes. Hay una resistencia a cerrar el tema. Acaso ésa sea una de las formas de crear una semblanza de la vida misma, que es aparentemente sin fin. Nada es verdaderamente concluyente.

Después de subir al trono, Yudhistira encontró a Krishna meditabundo y preocupado, y le preguntó cuál era la causa de aquel estado. Krishna dijo:

–Me doy cuenta de que con la llegada de *Uttarayana*[1] Bhishma renunciará a su vida. Él es un almacén de conocimiento del mundo, del arte de ser rey y de la conducta humana, y cuando muera, eso se habrá ido con él y el mundo quedará más pobre. Quiero que te encuentres con él. No queda mucho tiempo.

---

1. *Uttarayana* es el momento a mediados de enero cuando el sol cambia su dirección de sur a norte.

Yudhistira tenía dudas sobre cómo iba a ser recibido por Bhishma, pero Krishna se adelantó y preparó al viejo maestro para el encuentro.

Acostado sobre su cama de flechas, Bhishma recibió a Yudhistira con mucho afecto y le habló de los deberes de un rey.[2] El discurso continuó durante varios días. Al final, Bhishma se despidió de todos y respiró por última vez. Yudhistira levantó su cuerpo de las flechas y llevó a cabo las exequias debidas al miembro de la familia más anciano. Incineró el cuerpo en las orillas del Ganges, en donde la deidad, Ganga, madre de Bhishma, se apareció una vez más para recibir su alma y conducirla a su hogar original en el mundo de los celestiales.

Yudhistira gobernó durante treinta y seis años, al final de los cuales su viejo tío, Dhritarashtra, expresó sus deseos de convertirse en *vanaprastha* y retirarse al bosque con Gandhari y la esposa de su hermano, Kunthi, para pasar el resto de su vida en contemplación. Yudhistira preparó todo lo necesario para aquel retiro, les visitó con frecuencia en su ermita y se encargó de su bienestar hasta el día en que comenzó un incendio en el bosque, y en esa conflagración perecieron Dhritarashtra, Gandhari y Kunthi.

Los miembros del clan de Krishna, los Vrishnis, se destruyeron entre sí en una guerra civil y se convirtieron en menos que un recuerdo, sin dejar rastro de sí. El propio Krishna dejó el mundo tal y como lo había previsto. A la orilla de un río, mientras descansaba sumido profundamente en sus pensamientos, un cazador, de lejos, confundió las suelas de sus

---

2. Esta parte del *Mahabharata* se conoce como la *Shanti Parva* (la sección que calma), y contiene las reglas esenciales de la conducta humana, según las explicó el moribundo Bhishma.

pies con un pájaro y disparó una flecha, acabando así con la vida de la octava encarnación de Vishnu sobre la tierra.

Deprimidos por la noticia de la muerte de Krishna y los Vishnis, y el hundimiento de Dwaraka en el mar, los Pandavas decidieron dejar el mundo. Uno por uno, los hermanos Pandava y Draupadi murieron. Vidura le tenía tanta devoción a Yudhistira que en cierto momento logró mediante sus poderes de *yogui* transmigrar al alma de Yudhistira y unirse a ella.

Sólo Yudhistira tenía el don de llegar al cielo en su cuerpo físico. La historia cuenta el tránsito de Yudhistira al cielo, el vistazo que echa a las oscuridades del infierno y su descubrimiento allí de muchos rostros familiares.

Al final de la historia de *El Mahabharata*, el escenario está vacío y no queda ni un personaje familiar con la excepción del hijo de Abhimanyu, quien había tenido la protección de Krishna incluso cuando estaba en el vientre de su madre. Creció y se convirtió en rey de Hastinapura y continuó así el linaje Pandava.

GLOSARIO

ashram: eremita.

astra: arma, misil, o flecha impulsada por fuerzas sobrenaturales

aswametha: gran ceremonia de sacrificio llevada a cabo por los reyes victoriosos.

asura: un demonio.

bhiksha: limosna.

brahmán: miembro de la casta sacerdotal.

Brihaspathi: el Sumo Sacerdote y preceptor de los dioses, reconocido por su inteligencia y su sabiduría.

danda: cetro de autoridad, maza.

desa: país.

dharba: hierba dura que suele usarse para fines rituales.

dharma: orden establecido, regla, deber, virtud, moral, mérito, justicia apropiada, ley (en sentido eterno).

gandharva: un ser sobrenatural.

Gandiva: el arco de Arjuna.

guru: maestro.

karma: destino; también las consecuencias de los actos cometidos en esta vida y en vidas pasadas.

Kaurava: el clan al cual pertenecen los personajes principales.

kshatriya: miembro de la casta guerrera.

Kuru: otro nombre del clan al cual pertenecen los personajes principales.

mantra: sílabas con poder mágico.

parva: parte.

Puranas: libros, fuentes de la mitología, de los cuales se dice que son más antiguos que los Vedas.

rajasuya: gran ceremonia de sacrificio llevada a cabo por los reyes victoriosos.

rakshasa: un demonio.

rishi: un hombre santo.

sama vedas: escrituras.

shastra: escrituras.

suta: un conductor de carro.

swayamwara: la ocasión en que una joven escoge entre varios pretendientes.

tapas: meditación concentrada durante un tiempo prolongado para el enriquecimiento espiritual; penitencia.

Upanishads: tratados espirituales en sánscrito.

vana: bosque.

vanaprastha: un ermitaño del bosque.

Vedas: escrituras.

yaksha: un semidiós.

yuga: cualquiera de las cuatro edades en la duración del mundo, cada una de las cuales abarca 3.000 años celestiales (un año celestial equivale a 3.600 años en tiempo humano) y en las cuales el bien y el mal tienen características especiales.

SUMARIO